杭州优秀传统文化丛书

Hangzhou Youxiu Chuantong Wenhua Congshu

是家山 无双毕竟

赵晗——著

杭州出版社

图书在版编目（CIP）数据

无双毕竟是家山 / 赵晗著 . -- 杭州 : 杭州出版
社 , 2021.12
　（杭州优秀传统文化丛书）
　ISBN 978-7-5565-1618-6

　Ⅰ . ①无… Ⅱ . ①赵… Ⅲ . ①山—介绍—杭州
Ⅳ . ① K928.3

中国版本图书馆 CIP 数据核字（2021）第 236388 号

Wushuang Bijing Shi Jiashan

无双毕竟是家山

赵　晗　著

责任编辑	夏斯斯
装帧设计	祁睿一
美术编辑	章雨洁
责任校对	陈铭杰
责任印务	姚　霖
出版发行	杭州出版社（杭州市西湖文化广场32号6楼）
	电话：0571-87997719　邮编：310014
	网址：www.hzcbs.com
排　　版	浙江时代出版服务有限公司
印　　刷	天津画中画印刷有限公司
经　　销	新华书店
开　　本	710 mm×1000 mm　1/16
印　　张	13.75
字　　数	169千
版印次	2021年12月第1版　2021年12月第1次印刷
书　　号	ISBN 978-7-5565-1618-6
定　　价	58.00元

序 言

文化是城市最高和最终的价值

我们所居住的城市，不仅是人类文明的成果，也是人们日常生活的家园。各个时期的文化遗产像一部部史书，记录着城市的沧桑岁月。唯有保留下这些具有特殊意义的文化遗产，才能使我们今后的文化创造具有不间断的基础支撑，也才能使我们今天和未来的生活更美好。

对于中华文明的认知，我们还处在一个不断提升认识的过程中。

过去，人们把中华文化理解成"黄河文化""黄土地文化"。随着考古新发现和学界对中华文明起源研究的深入，人们发现，除了黄河文化之外，长江文化也是中华文化的重要源头。杭州是中国七大古都之一，也是七大古都中最南方的历史文化名城。杭州历时四年，出版一套"杭州优秀传统文化丛书"，挖掘和传播位于长江流域、中国最南方的古都文化经典，这是弘扬中华优秀传统文化的善举。通过图书这一载体，人们能够静静地品味古代流传下来的丰富文化，完善自己对山水、遗迹、书画、辞章、工艺、风俗、名人等文化类型的认知。读过相关的书后，再走进博物馆或观赏文化景观，看到的历史遗存，将是另一番面貌。

过去一直有人在质疑，中国只有三千年文明，何谈五千年文明史？事实上，我们的考古学家和历史学者一直在努力，不断发掘的有如满天星斗般的考古成果，实证了五千年文明。从东北的辽河流域到黄河、长江流域，特别是杭州良渚古城遗址以 4300—5300 年的历史，以夯土高台、合围城墙以及规模宏大的水利工程等史前遗迹的发现，系统实证了古国的概念和文明的诞生，使世人确信：这里是古代国家的起源，是重要的文明发祥地。我以前从来不发微博，发的第一篇微博，就是关于良渚古城遗址的内容，喜获很高的关注度。

我一直关注各地对文化遗产的保护情况。第一次去良渚遗址时，当时正在开展考古遗址保护规划的制订，遇到的最大难题是遗址区域内有很多乡镇企业和临时建筑，环境保护问题十分突出。后来再去良渚遗址，让我感到一次次震撼：那些"压"在遗址上面的单位和建筑物相继被迁移和清理，良渚遗址成为一座国家级考古遗址公园，成为让参观者流连忘返的地方，把深埋在地下的考古遗址用生动形象的"语言"展示出来，成为让普通观众能够看懂、让青少年学生也能喜欢上的中华文明圣地。当年杭州提出西湖申报世界文化遗产时，我认为是一项需要付出极大努力才能完成的任务。西湖位于蓬勃发展的大城市核心区域，西湖的特色是"三面云山一面城"，三面云山内不能出现任何侵害西湖文化景观的新建筑，做得到吗？十年申遗路，杭州市付出了极大的努力，今天无论是漫步苏堤、白堤，还是荡舟西湖里，都看不到任何一座不和谐的建筑，杭州做到了，西湖成功了。伴随着西湖申报世界文化遗产，杭州城市发展也坚定不移地从"西湖时代"迈向了"钱塘江时代"，气势磅礴地建起了杭州新城。

从文化景观到历史街区，从文物古迹到地方民居，众多文化遗产都是形成一座城市记忆的历史物证，也是一座城市文化价值的体现。杭州为了把地方传统文化这个大概念，变成一个社会民众易于掌握的清晰认识，将这套丛书概括为城史文化、山水文化、遗迹文化、辞章文化、艺术文化、工艺文化、风俗文化、起居文化、名人文化和思想文化十个系列。尽管这种概括还有可以探讨的地方，但也可以看作是一种务实之举，使市民百姓对地域文化的理解，有一个清晰完整、好读好记的载体。

传统文化和文化传统不是一个概念。传统文化背后蕴含的那些精神价值，才是文化传统。文化传统需要经过学者的研究提炼，将具有传承意义的传统文化提炼成文化传统。杭州在对丛书作者写作作了种种古为今用、古今观照的探讨交流的同时，还专门增加了"思想文化系列"，从杭州古代的商业理念、中医思想、教育观念、科技精神等方面，集中挖掘提炼产生于杭州古城历史中灵魂性的文化精粹。这样的安排，是对传统文化内容把握和传播方式的理性思考。

继承传统文化，有一个继承什么和怎样继承的问题。传统文化是百年乃至千年以前的历史遗存，这些遗存的价值，有的已经被现代社会抛弃，也有的需要在新的历史条件下适当转化，唯有把传统文化中这些永恒的基本价值继承下来，才能构成当代社会的文化基石和精神营养。这套丛书定位在"优秀传统文化"上，显然是注意到了这个问题的重要性。在尊重作者写作风格、梳理和讲好"杭州故事"的同时，通过系列专家组、文艺评论组、综合评审组和编辑部、编委会多层面研读，和作者虚心交流，努力去粗取精，古为今用，这种对文化建设工作的敬畏和温情，值得推崇。

人民群众才是传统文化的真正主人。百年以来，中华传统文化受到过几次大的冲击。弘扬优秀传统文化，需要文化人士投身其中，但唯有让大众乐于接受传统文化，文化人士的所有努力才有最终价值。有人说我爱讲"段子"，其实我是在讲故事，希望用生动的语言争取听众。今天我们更重要的使命，是把历史文化前世今生的故事讲给大家听，告诉人们古代文化与现实生活的关系。这套丛书为了达到"轻阅读、易传播"的效果，一改以文史专家为主作为写作团队的习惯做法，邀请省内外作家担任主创团队，组织文史专家、文艺评论家协助把关建言，用历史故事带出传统文化，以细腻的对话和情节蕴含文化传统，辅以音视频等其他传播方式，不失为让传统文化走进千家万户的有益尝试。

中华文化是建立于不同区域文化特质基础之上的。作为中国的文化古都，杭州文化传统中有很多中华文化的典型特征，例如，中国人的自然观主张"天人合一"，相信"人与天地万物为一体"。在古代杭州老百姓的认知里，由于生活在自然天成的山水美景中，由于风调雨顺带来了富庶江南，勤于劳作又使杭州人得以"有闲"，人们较早对自然生态有了独特的敬畏和珍爱的态度。他们爱惜自然之力，善于农作物轮作，注意让生产资料休养生息；珍惜生态之力，精于探索自然天成的生活方式，在烹饪、茶饮、中医、养生等方面做到了天人相通；怜惜劳作之力，长于边劳动，边休闲娱乐和进行民俗、艺术创作，做到生产和生活的和谐统一。如果说"天人合一"是古代思想家们的哲学信仰，那么"亲近山水，讲求品赏"，应该是古代杭州人的生动实践，并成为影响后世的生活理念。

再如，中华文化的另一个特点是不远征、不排外，这体现了它的包容性。儒学对佛学的包容态度也说明了这一点，对来自远方的思想能够宽容接纳。在我们国家的东西南北甚至是偏远地区，老百姓的好客和包容也司空见惯，对异风异俗有一种欣赏的态度。杭州自古以来气候温润、山水秀美的自然条件，以及交通便利、商贾云集的经济优势，使其成为一个人口流动频繁的城市。历史上经历的"永嘉之乱，衣冠南渡"，"安史之乱，流民南移"，特别是"靖康之变，宋廷南迁"，这三次北方人口大迁移，使杭州人对外来文化的包容度较高。自古以来，吴越文化、南宋文化和北方移民文化的浸润，特别是唐宋以后各地商人、各大商帮在杭州的聚集和活动，给杭州商业文化的发展提供了丰富营养，使杭州人既留恋杭州的好山好水，又能用一种相对超脱的眼光，关注和包容家乡之外的社会万象。这种古都文化，也代表了中华文化的包容性特征。

城市文化保护与城市对外开放并不矛盾，反而相辅相成。古今中外的城市，凡是能够吸引人们关注的，都得益于与其他文化的碰撞和交流。现代城市要在对外交往的发展中，进行长期和持久的文化再造，并在再造中创造新的文化。杭州这套丛书，在尽数杭州各色传统文化经典时，有心安排了"古代杭州与国内城市的交往""古代杭州和国外城市的交往"两个选题，一个自古开放的城市形象，就在其中。

"杭州优秀传统文化丛书"在传统和现代的结合上，想了很多办法，做了很多努力，他们知道传统文化丛书要得到广大读者接受，不是件简单的事。我们已经走在现代化的路上，传统和现代的融合，不容易做好，需要扎扎实实地做，也需要非凡的创造力。因为，文化是城市功能的最高价值，也是城市功能的最终价值。从"功能城市"走向"文化城市"，就是这种质的飞跃的核心理念与终极目标。

2020 年 9 月

（单霁翔，中国文物学会会长）

竹素园诗意卷（局部）

目 录

众峰来自天目山：天目山

"东南形胜，三吴都会，钱塘自古繁华。"古都杭州，以其山川胜景和人文历史底蕴令人神往。如果你打开杭州地图，会发现山区丘陵占据了杭州的大半部分。"三面云山一面城"，古人对杭州地形的概括可谓十分贴切。

杭州城内，湖山掩映，大自然的如梦似幻引人驻足；杭州城西，重峦叠嶂，大自然的鬼斧神工令人惊叹；钱江之南，群山绵延，大自然的绚丽多彩让人流连。

"江山留胜迹，我辈复登临。"杭州的山脉不仅有着壮丽的自然风光，还留下了丰富的历史文化遗迹。千百年来，文人墨客的吟咏歌颂和老百姓的口口相传，又生成了众多彪炳千秋的文学作品和动人心弦的传说故事，从而孕育出杭州山脉的灿烂文化。徜徉在杭州的群山中，你可以真正体会到江山如画、岁月如歌，它们已经超出一般的自然景观，成为我们取之不尽、用之不竭的精神财富。

这些奇峰秀岭、云蒸霞蔚的群山，大多发源于浙皖边境。在那里，巍峨的黄山山脉自西向东蜿蜒进入浙江，余脉成为天目山。"众峰来自天目山"，天目山脉自西

南经杭州向东北延伸至湖州，南北大致以杭徽公路和西
苕溪为界，长约200公里，宽约60公里，山地两侧多低
山丘陵宽谷景观。明田汝成《西湖游览志》记载："杭
州地脉，发自天目，群山飞翥，驻于钱唐。江湖夹抱之间，
山停水聚，元气融结……钟灵毓秀于其中。"

　　这便是杭州诸山的源起。我们的故事也将从这座山
开始。

一

　　"天目三千丈，东南第一峰。"天目山主峰清凉峰位
于杭州市临安区与安徽绩溪交界处，海拔1787米。它是
长江太湖水系与钱塘江水系的分水岭，又是东苕溪的发
源地。

天目山余脉

天目山分为东、西两支，唐《元和郡县志》记载："（天目山）有两峰，峰顶各一池，左右相对，名曰天目。"相传每年八月，当月亮挂在天池中央时，左右两峰峰顶天池里就会浮出一块滚圆的宝玉，闪闪发光，因而天目山古名"浮玉山"。

到了五代时的《吴越王钱镠记》，"东、西天目山"的说法被文字固化："东西天目得非抗苍崖于穹昊……"古人以东为右，以西为左，并依两山对峙之势，以两条山脊为引，把偌大的一座天目山大体划分为了东西两座。靠仙人顶（海拔 1506 米）这一侧的变成了"西天目山"，靠大仙顶（海拔 1479 米）这一侧的就是"东天目山"。

天目山峰峦叠翠，古木葱茏，其"大树华盖闻九州"，被誉为"大树王国"。西天目山上开山老殿西下方的路旁有一棵柳杉，既高又大：高是说此树高达 40 多米，相当于 13 层楼；大是说此树要五六个人手拉手才能合围得起来。这样雄浑的大树，世上确实不多，于是有人给它起了一个名字——"大树王"。而起这名字的也是一位帝王——乾隆皇帝。

相传乾隆皇帝下江南时，遍游名山大川。这一天，他慕名来到天目山，一看这里大树华盖，景观别致，不觉游兴大发，登上山去。

走到五里亭，乾隆猛地发现路边柴草摇晃不歇，连忙停下脚步，仔细查看是怎么回事。忽然，一条长长的"红节黑蛇"昂着头，朝乾隆呼呼地疾速游来。随行的人见状，都吓得面如土色，乾隆更是紧张万分。眼看蛇马上要游到脚边，乾隆突然急中生智，大喝一声："孽畜！敢来朕面前撒野！"随即抽出宝剑猛地刺去。

说来也怪，这剑明明是对准蛇头的，竟然没有刺中。

一个随行太监灵机一动，连忙上前奏道："圣上息怒！也许这小生灵是来讨封的呢！"

乾隆火气未平，急急地对着蛇说："讨封也不该如此心急啊，吓了朕一跳。朕今天游山心情很好，暂且饶你一命，快走吧！"

谁知话音刚落，那蛇居然自己往宝剑的利刃上碰来，当即死在众人面前。乾隆目睹这一惨状，感慨万千，命人在此立一石碑记之。后人称之为"斩蛇碑"。

上得半山腰，乾隆已累得腰酸背痛，一屁股在一棵柳杉下坐了下来。这时，突然树叶哆嗦发抖，招来一阵不大不小的山风。乾隆刚坐下时，身上汗涔涔的，经此风一吹，不由得打了几个喷嚏。太监大惊：难道这树也来讨封不成？他连忙问乾隆："圣上，您看这棵树大否？"

乾隆抬起头来一看，此树树冠如伞，遮天蔽日，径大枝粗，盘根错节，不禁脱口夸道："大！大！"说完，用手去抱那棵大树，可哪里抱得过来。几个随从人员忙过来帮忙抱，还是抱不过。乾隆便解下玉带缠绕其上，方才围过一围。这时乾隆笑着说道："好哇！这大树系上朕的玉带，真的成王了。"从此，这棵柳杉就被称为"大树王"。

此后，游客纷至沓来，因为乾隆帝的亲自代言，许多人剥开"大树王"的树皮作为灵丹妙药。时间长了，"大树王"终于枯死，然而至今兀立不倒。

如今踏进西天目山，面对着数以万计、数十米高、数人围粗的大树，一种游历其他名山胜地少有的恢宏感和神奇感便油然而生。据不完全统计，西天目山拥有直径 1 米以上的柳杉 500 余株，其中直径 2 米以上的有 19 株，树龄大多在百年至千年，最大的直径 2.75 米。西天目山大小超过"大树王"的柳杉虽有 8 株，却都没有这棵已经枯死的"大树王"著名，这便是经过乾隆帝加持的"品牌"效应吧。

二

南朝梁大通元年（527），一位二十七岁的年轻人来到天目山。他结庐为庵，一住就是三年。三年间，他隐逸山林，读书撰文。三年后，一部皇皇六十卷的诗文总集《文选》横空出世，成为中国文学之林中一座不可磨灭的里程碑。这位年轻人，便是昭明太子——萧统。

萧统还不满周岁的时候，父亲萧衍夺得了帝位，成为梁武帝。即位当年，他就把萧统立为皇太子。

作为太子，萧统的教育受到特别重视，萧衍抽调了当时众多精英帮扶教育太子。在这样的环境中，萧统逐渐长大，成长为集颜值、才气、品德于一身的优秀青年。

萧衍对这个儿子很是满意，经常允许他处理一些政事。萧统仁义善良，并不以太子的身份而唯我独尊。他包容仆从的过错，从不加以惩罚，还会向贫苦百姓赠送大米、衣物。然而"木秀于林，风必摧之"，萧统还是因为一件事跟父亲产生了隔阂。

萧统的母亲丁贵嫔去世后，他买了一处墓地。有个道士跟萧统说，这块地风水不好，不利于太子的地位，需要埋一些蜡鹅在墓地边上，方可化解。

这种类似巫术的行为历来被皇帝所忌讳，奈何萧统宅心仁厚，没有多想，照着道士说的做了。不久之后，萧统的一名亲信因为失宠而心理失衡，便向萧衍告密。萧衍当即派人调查，果然挖出了蜡鹅。萧衍对萧统很是失望和愤怒，从此之后，父子关系开始疏远。

一身抱负的萧统受此打击，胸中郁塞，但他始终没向父亲解释，默默承受着冤屈。为了排忧遣怀，他主动申请离开都城建康，远离皇城的是非。因他五岁之时曾多次听天目山慧集法师讲经，所以便在郁结难开之时来到天目山。

流连于清幽的山水之间，萧统暂时忘却了心中的烦恼。有一天，他来到东天目山的一座庙门口，见有一位和尚正在念经，便径直走过去。这位和尚知道有人进来，却依然不理不睬，只顾自己念经。萧统不觉心生诧异。

过了好久，和尚念完经，方才过来施礼，问他从何而来，姓甚名谁。萧统一一回答，和尚才知面前竟是当朝太子，大惊失色："贫僧不知太子驾到，有失远迎，罪该万死！"又说道："贫僧方才念的是不断句的《金刚经》，难以停顿，万望恕罪！"

这位和尚名志公，因不懂梵文，不分章节吟诵，中间难以停顿。太子拿起和尚念的经卷一看，果然是不断句的，便对和尚说："这样吧，我来替你断句分经。"

于是，萧统在庙中住下，日夜分经，不仅译述原著，还将《金刚经》分为三十二卷。不料分到第七天的时候，他突然眼前一黑，什么也看不见了。他大声呼叫："师父快来，师父快来！"随手将笔往身后一甩，甩到了下面的山坳里。

　　和尚连忙过来扶起太子，发现他因连夜分经劳累过度，心血已枯，竟双目失明。有感于太子的虔诚和辛劳，和尚感动地说："太子法缘不浅，分完了三十二卷《金刚经》，我一定要助你复明。"

　　此后，和尚便每天陪着太子，为他治疗。东、西天目山正好对应人的右、左两只眼睛，于是和尚从西天目山取来山泉，为他清洗左眼，又用东天目山的泉水给他清洗右眼，夜以继日。当洗到第七七四十九天时，太子的双眼忽然亮了，他抬起头来，葱郁的天目山又一次映入眼帘，甚至比之前还要清晰美丽。萧统洗眼的地方便是我们在天目山上能看到的"洗眼池"。后来，人们为了纪念萧统，把他分经的地方叫作"分经台"，又把他甩落笔的山坳叫作"落笔坞"。

　　又有一次，萧统在山中游览，发现了一个茅草屋，一位须发皆白的老者正坐在门前看书。萧统见他读书太辛苦，便说："老人家，我可以给你的书加上标点，这样会好读一些。"老人点头称是，就把书给了他。不觉日上三竿，萧统还在忙着圈点。老人为了感谢他，便下山张罗酒菜去了，并让萧统帮忙照看锅里正煮着的笋。

　　萧统专注于圈点书籍，早已将煮笋的事情抛到了九霄云外。过了好一阵子，他终于将全书标点完了。萧统站起身来，眼睛瞥见一旁的锅。"哎呀，笋干了！"他不禁大叫一声。原来时间太久，锅中的笋竟然烧成了干。无奈之下，萧统只得死马当活马医，于是他将笋干先拿出来，再细细撕成条，又放回锅内，加上水，继续煮。

　　等到老人回来一看，好好的竹笋变成一锅笋干汤。他拿起勺子尝了一口，却意外地发现很好喝。萧统也尝了一口，同样认为很美味。于是这件事就流传开来，笋干从此成为天目山的传统特产。

来天目山之时，萧统携带了大批书籍。隐居期间，他孜孜不倦，继续着在建康就已开始的《文选》编纂工作，《文选》中有近半数的篇幅最终在这里定稿。萧统以其敏锐的文学眼光、优秀的文学素养和高雅的审美情趣，从浩如烟海的文本中精挑细选出"事出于沉思，义归乎翰藻"的作品，一部规模宏大、彪炳史册的诗文集最终得以问世。

三年后，萧衍怒气已消，常常思念太子，于是派遣兵马，将萧统迎回宫中。回到宫中不久，萧统在一次泛舟时，船翻落水，被宫女救上岸后，大腿受了重伤，随后病情逐渐恶化，不到一个月即溘然长逝。萧统的死讯公布后，整座建康城陷入悲痛哭泣之中。

也许是天妒英才，萧统就这样走完了自己三十一年的短暂人生。萧衍特批他身着帝王的服装下葬，并赐谥号"昭明"。至此，曾经的父子隔阂应该完全消弭了吧，只可惜二人已阴阳永隔。

作为太子的萧统，也许是不幸的；但作为文学家的萧统，又是幸运的。

"《文选》烂，秀才半。"这句唐宋之时流行的俗语，充分证明了萧统所编选的《文选》的重要意义。作为中国现存最早的诗文总集，其收录自周代至南朝梁以前七八百年间130多位作者的诗文700余篇，分为赋、诗、骚、七、诏、册、令、教、文、表、上书、启、弹事、笺、奏记、书、檄、对问、设论、辞、序、颂、赞、符命、史论、史述赞、论、连珠、箴、铭、诔、哀、碑文、墓志、行状、吊文、祭文等，选材上等，让很多珍贵的作品免于失传，滋养了后世无数文人，对中国文化的发展产生了深远的影响。

萧统编纂《文选》的"太子庵"位于西天目山禅源寺西北的昭明峰下。内有读书楼，又名"文选楼"，上文提到的"洗眼池"也在其中。

后人有感于昭明太子的奋发进取，为了继承发扬传统文化，在"太子庵"的旧址建起天目书院。明代翰林院修撰焦竑为天目书院写记立碑。乾隆年间，又在先前天目书院基础之上，创立新的天目书院。抗战时期，留法文学博士张天方等一批爱国知识分子又开展了恢复书院的活动，书院于 1940 年重新成立，他们又先后编撰出版了《抗战史事略》《天目诗录》《文史》《天目考古录》等书籍。

今逢盛世，天目书院再一次恢复并开展活动，传统文化的浓厚氛围又一次氤氲在这座青山之中。四度荒废，四度恢复，天目书院的历史沉浮折射出的是一代又一代知识分子对"道"的追求和"以天下为己任"的担当。

三

东汉建武年间（25—56），一个叫张大顺的人为避战祸，来到西天目山定居。一天，他的妻子梦见一个巨人从魁星迅疾而来，并将一茎绿油油的薇草交给她。她醒来后，手中并未发现什么花草，但是居室中却有阵阵异香扑鼻。不久，她就怀孕了。分娩那天，室内光焰万丈，香气馥郁。张大顺给这个出生的儿子起名张道陵。

长大后，张道陵放弃官职，隐居在西天目山修炼。后来，他去了江西龙虎山，并在四川鹤鸣山受太上老君

天目远眺

　　的密授，最终羽化成仙。张道陵便是道教的创始人，如今西天目山狮子岩西边就是张道陵的出生地张公舍。张公舍下的张公洞就是张道陵的隐室，洞的西崖下有一丹池，即张道陵炼丹处。相传池内有神鱼，异形四足能吐气作云。

　　东晋时，葛洪、许迈、大徐五仙、小徐五仙等先后在西天目山修炼。唐代天目山人徐灵府、北宋唐子霞也都在此结庐修炼。武当派的创始人张三丰也曾在此修行，传说他能日行千里，可以往来于西天目山和其他诸山。因此，天目山又被封为道家第三十四洞天，笼上了一层浪漫神秘的色彩。

　　也是在东晋时，佛教传入天目山。南朝梁武帝时，国师宝志和尚在天目山建寺，落成时，梁武帝御书"昭明禅寺"额以赐，就是今天所能看到的昭明上院。昭明太子萧统分《金刚经》的那座庙，便是这里。

南宋祥兴二年（1279），张世杰兵败厓山，南宋灭亡。一位叫作高峰原妙的禅师来到天目山西峰的狮子岩建立了一座狮子院，闭关修行。平日他以破瓮为铛，一天只吃一顿，清节苦修，长达十五年之久。每天，他都以三关语考验学人："皓日当空，无所不照，为什么被片云遮却？人人有个影子，寸步不离，为什么踏不着？尽大地是个火坑，得何三昧，不被烧却？"如果学人不能够回答这三个问题，他便闭门不再讲经。后来，他的数百名弟子中高僧辈出。

他的弟子中，最著名的是中峰明本禅师。中峰明本禅师是杭州人，因为父母早逝，十五岁那年来到天目山狮子院，剃度为僧。出家后，中峰明本禅师白天随众作务劳役，到了晚上则一心参禅用功，精勤克励。

一天，中峰明本禅师在山间独行，看见流泉淙淙，蜿蜒不息，忽然有所省悟，于是便向高峰原妙禅师求证，说明契会之旨。没想到高峰原妙禅师不但不理会他，还将他打发出去。不久之后，民间谣传官府要征选童男童女，中峰明本禅师因而问他的师父："如果忽然有人来向和尚索讨童男童女，该当如何？"

高峰原妙禅师回答："我但度竹篦子（警醒学人用的法器）与他！"

中峰明本禅师闻言，豁然开朗，高峰原妙禅师非常欢喜，亲自书赞送付与他："我相不思议，佛祖莫能视。独许不肖儿，见得半边鼻。"

　　高峰原妙禅师圆寂后，中峰明本禅师继承了他的衣钵，继续弘扬佛法，普度众生。因为中峰明本禅师大扬禅风，元朝上至王公驸马、太尉翰林，下至黎庶百姓、贩夫走卒，无不争相瞻礼。元朝仁宗、英宗皆曾数次下诏，请中峰明本禅师入京弘法，接受供养。可是中峰禅师始终不愿意去，皇帝见无法违他所意，最后特地制作金襕袈裟，并赐御香，遣使送到江南供养，来表达对禅师的尊崇与敬意。

　　元延祐五年（1318），元仁宗诏改狮子院为狮子正宗禅寺，并令翰林学士赵孟頫撰碑铭。该寺于元末毁于兵火。明洪武四年（1371）松隐禅师重建，但于明末再遭兵火所毁。清康熙四年（1665），大觉国师将寺额移至山下的双清庄，于故址建开山殿，这便是我们今天在天目山看到的开山老殿。因为佛教的兴盛，天目山名声远播海外，吸引了日本、印度、朝鲜等国的众多高僧前来修行。

　　作为杭州"诸山之祖"的天目山，是一幅巧夺天工的山水画作，更是一幅光彩耀眼的人文画卷。这里有着飞泉、奇石、云峰、大树、茶叶、笋干等"天目六绝"，也有着以儒、释、道为代表而又三者深度融合的人文底蕴。这种自然与人文的交相辉映，相互添彩，成为杭州山脉的亮丽底色，至今仍散发着独特的魅力。

参考文献

1.〔唐〕姚思廉：《梁书》，中华书局，2020年。

2.〔唐〕李延寿：《南史》，中华书局，1975年。

3.丁炳扬、李根有、傅承新等总主编：《天目山植物志》，浙江大学出版社，2010年。

4.王庆飞主编：《天目山传说》，《天目山》杂志社、浙江省临安县文化馆，1995年。

5.明尧、明洁编著：《禅宗大德悟道因缘》，现代出版社，2006年。

龙飞凤舞到钱唐：玉皇山

晋代诗人郭璞有诗云："天目山垂两乳长，龙飞凤舞到钱唐。"天目山一路向东，抵达杭州城内，便延伸到了西湖诸山。这些山脉中，有一座势若飞龙舞凤，正印证着郭璞的诗句。它东接凤凰山，西连南屏、大慈诸山，南边是滚滚奔流的浩渺钱塘江，北边是波平似镜的明净西湖。每当风起云涌时，伫立山巅，时有云雾扑面而来，又飞渡而去，后人给这景象起了个名字——"玉皇飞云"。这座山便是海拔约 240 米的玉皇山。

一

玉皇山，唐代称玉柱峰，相传吴越国时，国王曾恭迎明州（今浙江宁波）阿育王寺之舍利至此，改名育王山。宋代后，又名玉龙山，认为此山是由天上的玉龙所变。相传天上的玉龙和金凤在银河里找到了一块璞玉，它们一起琢成了一颗璀璨的明珠。王母娘娘知道了，就派天兵天将强行抢去。玉龙、金凤赶去向王母索珠时，宝珠跌落人间，变成了波光粼粼的西湖。而玉龙金凤也就随之降落，变成了两座秀丽的山峰，永远守护在西子湖畔。这就是玉皇山和与它相毗连的凤凰山。当我们在远处翘首眺望玉皇山时，在蓝天白云的衬托下，它的俊态雄姿

确也酷肖飞舞的玉龙。

玉皇山自然景观与人文景观荟萃，有"六十四景色"之称。登临山顶，会发现福星观、登云阁、江山一览亭、白玉蟾井、天一池、日月池等。福星观是玉皇山顶的核心建筑。据清人卓炳森《玉皇山庙志》，道观初建于唐开元年间（713—741），初名玉龙道院，至今已有约1300年的悠久历史。

相传，当时有位老人上山采花，遇见一道人，惊诧之下，问他是谁，道人回答："特朝三清道祖。"说罢腾云驾雾而去。这位老人认为遇到了神仙，于是开山启建玉龙道院，并在院内建大罗宝殿，供奉三清三宝三天教主。相传唐代著名道士吕洞宾也曾云游玉龙道院，并题诗一首："七宝庄严五色丹，六通四达出尘埃。个中滋味神仙喻，遇有缘人笑口开。"

福星观的名字，大约始于明代中期。正德十三年

（1518），道士罗普仁在此修行十三年，大悟超凡，被敕封为"无为宗师"。他扩建了玉龙道院，并正式取名"福星道院"，俗称福星观，因此《玉皇山志》称他是福星观的开山祖。

福星观的旁边，是具有神话色彩的南宋遗物白玉蟾井，相传是由南宋名道士白玉蟾所凿。此井虽在山顶，井水却终年不干涸，从前宫内道士及游人饮水皆赖此井。

白玉蟾（1194—1229），本名葛长庚，字如晦、白叟，号海琼子。琼州（今海南海口市琼山区）人，一说福建闽清人。年少时父亲去世，后来母亲改嫁，继为白氏之子，于是改姓白，又名白玉蟾。

白玉蟾年少聪明，七岁赋诗，九岁时能背诵《周易》《尚书》《诗经》《春秋》等儒家九经。二十一岁那年，他在信中称自己"三教之书，靡所不究"，后来又说，"世间有字之书，无不经目"。然而白玉蟾初试科举却落选，据说是因为考官认为他太过骄狂。

后来，白玉蟾到儋耳山修道，并遇见道教金丹派南宗四祖陈楠，陈楠授之以丹法、雷法。他主张性命双修，后来成为道教金丹派南宗五祖，是南宗的实际建立者。

南宋宁宗朝（1195—1224）时，白玉蟾应征到杭州住持太乙宫道事，曾在玉皇山南麓的三一庵修炼。有一天，白玉蟾突然失踪了，从此了无踪迹，人们都说他是得道飞升了，只留下这口井，供后人寻觅他那如梦似幻的人生。

二

杭州多山，森林茂密，因而自古以来火灾频仍。南宋时期，临安城就多次遭遇无名火灾，被焚毁数次。如何治理火患，成了杭州地方官一直以来颇为头疼的事情。

时光飞逝，历史的车轮来到了清朝。雍正时期，名臣李卫巡抚浙江。他整治海塘，缉查私盐，令百姓安居乐业。当时李卫迷信堪舆之术，认为玉皇山形似飞龙，离龙回首，所以杭州城中才火患频繁，于是就在山头开了日月两池，起名"天一"，这是取"天一生水，地六成之"之意。又在山腰造了七只铁缸，以象北斗七星，这便是著名的天一池和七星缸。

有关七星缸的来历，还有一个"七星钉飞龙，只差水一桶"的传说。

玉皇山半山腰有个紫来洞，原先叫"飞龙洞"，相传洞里面住着一条飞龙。这条飞龙每隔十天，总要飞出洞来，在天空中飞腾翻舞，吐出火珠。火珠一忽儿远，一忽儿近，飞龙就追逐着，扑打嬉戏。这样，火珠就散落下许多火星来，火星落到哪里，哪里就起火。因此，

七星缸

飞龙每出来一次，杭州就有许多人家遭殃。

大家都恨死了这条可恶的飞龙，但又没法子治它，只好计算着它飞出来的时辰，男女老少都爬上屋顶，在屋顶上浇水，整夜整夜地守着；同时又敲锣打鼓地恐吓飞龙，想叫它飞得远一点。即便这样，杭州还是常常闹火灾。

这一天，杭州城里来了个老铁匠，手里提着一把铁锤，来到一家小客店投宿。正巧这天是飞龙出洞的夜晚，店主全家都已经爬上屋顶去了，没人招呼他。老铁匠见到这情景很奇怪，也爬上屋顶去。他问明白了这回事后，就不言不语地爬下去，提着铁锤走了。

这天飞龙在天空翻舞很久，火珠的火星散落了许多。等到老铁匠回到小客店时，那店屋也烧掉了。店主人一家正围着抢救出来的一些破烂号啕大哭。老铁匠见状，对店主人说了些劝慰的话，又把身边的一些零碎银子都给了他，说："你们不必难过，刚才我在玉皇山上亲眼见到飞龙了。"

店主人谢过老铁匠，听他说到玉皇山见过飞龙，非常惊骇，忙问道："这是真的吗？"

老铁匠说："是真的。我看见飞龙从洞里飞了出来，在天空中拍打火珠，还见着飞龙飞回玉皇山在飞龙洞口睡觉呢！"店主人听了更加吃惊。因为玉皇山是飞龙盘踞着的地方，没人敢上去。

老铁匠想了一想，忽然用手敲敲脑袋说："有法子了，我有法子降伏住这条飞龙了！"

店主人听了，忙问道："老人家，你有什么法子？"

老铁匠说："只要杭州城里每户人家能给我一把菜刀，我就能降伏住飞龙。"

店主人望望老铁匠，不像是个说大话的人，相信他是有办法的。这消息传开后，人们听了既惊且喜。为了灭火消灾，谁不愿意出一把菜刀呢？没几天工夫，百姓们送来的菜刀就堆得像座小山。

老铁匠请来全城铁匠，砌了个炼铁炉，把菜刀都放到炉里熔化了，大家齐心合力，三天就铸成了七只大铁缸。于是，老铁匠独自跑上玉皇山，到飞龙洞口一看，飞龙还在呼呼大睡，他飞也似的跑了回来，大声叫道："大家快跟我去降伏飞龙啊！先来一百三十三个年轻力壮的人抬铁缸，十九人抬一只，跟我上山，后面的人都得提满一桶水跟着，听我招呼。大家不要怕，我有铁锤，飞龙如果动一动，我会跟它拼命的！"

大家跟着老铁匠爬上玉皇山，悄悄用铁缸把飞龙的两条须子、四只脚、一条尾巴压住，因为都压在须毛上面，所以飞龙还没察觉。老铁匠举着铁锤对准飞龙脑门，如果飞龙惊醒，便一锤打下去。老铁匠又招呼后面的人把桶的水倒进铁缸里。等第七只铁缸的水也快要倒满的时候，不想有个人提着水桶突然被绊倒了，桶里的水泼开来，泼进飞龙鼻孔里，惹得飞龙打了一个喷嚏，却把老铁匠喷得人都看不见了。

飞龙觉得触须被什么东西拉着，仰不起头，一挣脱，才知道被压住了，于是一声大吼，就地一翻滚，挣断了须毛，身子一转，一头栽进飞龙洞里。从地底下，一直钻到安徽境内才钻出来，抖抖身子，飞往天空逃走了。

飞龙逃走了，那七只镇压飞龙的大铁缸还在飞龙洞洞口，排列得像天上的北斗星一样，因此人们就称呼这七只缸为"七星缸"。

三

从玉皇山半山腰的老玉皇宫向南，沿青石铺筑的石阶一路前行，不出五分钟就可来到慈云岭上。慈云岭是玉皇山与凤凰山的分界岭，岭上有吴越登云坛遗址，后改为慈云宫。慈云岭南坡，早先有佛寺石龙院，现仅存佛教造像两龛，这是西湖石窟造像的代表作。

关于慈云岭造像创作的年代，《咸淳临安志》记载："上石龙永寿寺，在慈云岭下，天福七年吴越王建，旧名资贤，大中祥符元年改今额。"

现在慈云岭造像的主龛左外侧，刻有"新建镇国资

慈云岭造像

无双毕竟是家山 HANG ZHOU

延遐龄石像之记"十二字的题额。我们由此推想，慈云岭造像应该是后晋天福七年（942）吴越国王钱弘佐创建资延寺的时候雕凿的。

岩壁造像保存完好，均依山势而筑，气势夺人。主龛内圆雕造像七尊，中间的三尊坐像，即"西方三圣"阿弥陀佛、观音菩萨和大势至菩萨。三尊佛像均为全跏趺式坐式，端坐在仰莲须弥座上，身后都有宝珠形背光和顶光，内雕缠枝牡丹，边缘饰火焰纹。

主龛右侧有一地藏龛，内雕地藏菩萨和左右胁侍。龛的左侧引出云头，绕向龛外上方龛楣处，龛楣云际盘绕，上有"六道轮回"之"六道"。

作为五代时期的石窟造像，慈云岭造像容相饱满，体态大方，造型生动，衣褶飘举，较之北魏时期的秀骨清相、俊逸婉雅，更具一种人性之美和现实的亲切之感。

慈云岭造像的主龛虽曾遭破坏，七尊佛像面部全部破损，但从身体的其他部位仍然可以看出唐代造像细腻准确、线条流畅、富有想象力的风格和特点。

由此，我们可以遥想那个堪称东南佛国的吴越。与中原王朝后周的灭佛行径相反，吴越国三世五王虔诚奉行信佛顺天的信条。他们提倡信佛，用政治的力量推动佛教的传播，教化民众。当时杭州寺院林立，宝塔遍布、梵音不绝于耳。《咸淳临安志》载："九厢四壁，诸县境中，一王所建，已盈八十八所，合一十四州悉数之，且不能举其目矣！"合计三世五王在两浙境内所修建、扩建、改建的寺院，有据可查的多达 200 余座。

佛教文化的弘扬，也许是这里的人民淡泊明志、安居乐业的原因之一，让杭州在五代乱世成了一方净土。

沿着慈云岭一路往南下山，就可以抵达南宋籍田——八卦田。"黄金作埒，碧玉为畴"，色彩分明。

所谓籍田，原为南宋皇帝"躬耕"以示"劝农"的田地。南宋每年春耕开犁时，皇帝皆率文武百官到此行籍田礼，亲自执犁三推一拨，用以表示对农事的尊重和对五谷丰登的祈祷。

从高处俯瞰，整块农田形似半阴半阳的太极图，八块田地上分别栽培不同植物，四季色彩、形状不断变化，仿佛呈现八种卦象。至今，八卦田仍是玉皇山的一大奇观，为这座宗教名山更增添了道教的色彩。

相传在正月初八这天爬玉皇山登高，可以祈求新的一年事业、生活节节高升，因此很多杭州人都会在这天去玉皇山顶福星观"烧头八香"祈福。作为道教圣地的玉皇山，却也与佛教如此和谐地共存共生着，着实彰显了玉皇山所具有的包容性，让我们感受着玉皇山拥有的那种氛围：淡泊与自然。淡泊在于不争，凡在山上的，便都彼此包容，共存共生。自然在于不执着，对于各种教派与学说，只要适合的，都可以接纳。也许，这正是玉皇山不刻意迎合世俗喧哗的气质体现吧。

参考文献

1.〔元〕脱脱等：《宋史》，中华书局，1985年。

2. 来裕恂：《杭州玉皇山志》，杭州图书馆，1985年。

3. 郭峰：《近代城市宫观与地方社会——以杭州玉皇山福星观为中心》，巴蜀书社，2018年。

跑地能开一掬泉：大慈山

沿南山路一路向西南前行，来到虎跑路。从这里便进入了山高林密的西湖西部山区，比起湖滨诸山多了几分野趣。从虎跑路上的杭州动物园往南走一些，便可看到虎跑的牌坊。这里原称定慧禅寺，俗称虎跑寺，被誉为"天下第三泉"的虎跑泉就位于其中。虎跑泉坐落的那座海拔 137 米的山峰，被称为白鹤峰，属于大慈山，又称虎跑山，山以泉名，留下了诸多动人的史话。

一

唐元和十四年（819），一位法号性空（又名寰中）的僧人来游杭州大慈山，因为喜爱这里风景幽美山色灵秀，打算建寺栖禅其中。后来却发现附近没有水源，只得放弃。正当他准备迁往别处时，一天夜里，忽然梦见神仙告诉他说："南岳衡山有一个童子泉，将派两只老虎来把泉水搬到这里。"第二天，他果然看见有两只老虎正在跑地作穴，清澈的泉水随即涌出，于是他就在此建寺，并以"虎跑"作为泉水的名字。这便是虎跑寺开山之始，也成为"虎跑"这一名字的由来。

虎跑泉原有三口井，后合为二池。在主池泉边石龛内的石床上，性空大师正头枕右手小臂侧身卧睡，神态安静慈祥。同时，栩栩如生的两只老虎正从石龛右侧向入睡的高僧走来，这组"梦虎图"浮雕表现的就是上述关于虎跑泉的传说。

现代科学发现，虎跑泉是从大慈山后断层陡壁砂岩、石英砂中渗出，据测定流量为每天 43 至 86 立方米。虎跑的水纯净无菌，泉水分子密度高，表面张力大，水满碗口再在上面轻轻加一枚硬币也不会溢出，晶莹甘冽，居西湖诸泉之首。"龙井茶叶虎跑水"，素称"西湖双绝"。南唐诗人成彦雄有《煎茶》诗曰："岳寺春深睡起时，虎跑泉畔思迟迟。蜀茶倩个云僧碾，自拾枯松三四枝。"这开了虎跑泉煮茶的先河。

在唐代，因为六祖慧能提倡"顿悟"，禅宗被普遍接受，有了很大的发展，遂成为汉传佛教的主要宗派。他的徒

虎跑梦泉

孙马祖道一创立了丛林制度，其法嗣百丈怀海又制定了被称为百丈清规的丛林规则，这是唐代两位著名高僧。性空便是怀海的座下弟子，因而在禅宗中地位很高，所以宪宗皇帝特地给这座寺庙赐名赐号曰广福院。性空开山后，在虎跑生活了整整四十三年。此后寺庙"殿宇崇盛"，名声大振，香烟袅袅，游人常往。

到了唐大中八年（854），广福院改称大慈寺，乾符三年（876）又在前加"定慧"二字。宋末毁。元大德七年（1303）重建。又毁。明正德十四年（1519），宝掌禅师重建。嘉靖十九年（1540）又毁。嘉靖二十四年（1545），山西僧永果再造。

苏轼任杭州通判时，曾于宋熙宁六年（1073）游虎跑，并留下《虎跑泉》诗："亭亭石塔东峰上，此老初来百神仰。虎移泉眼趁行脚，龙作浪花供抚掌。至今游人灌濯罢，卧听空阶环玦响。故知此老如此泉，莫作人间去来想。"元祐年间（1086—1094），他二游虎跑，又作诗云："紫李黄瓜村路香，乌纱白葛道衣凉。闭门野寺松阴转，欹枕风轩客梦长。因病得闲殊不恶，安心是药更无方。道人不惜阶前水，借与匏樽自在尝。"

苏轼之弟苏辙，不久之后也来到虎跑，作《次韵子瞻病中游虎跑泉僧舍》诗二首："扫地开门松桧香，僧家长夏亦清凉。公庭多事久来厌，静处安眠计甚长。修竹填窗藤簟绿，白莲当户石盆方。香厨晚饭红粳熟，忽忆烹鸡田舍尝。""涧谷新晴草木香，野情萧散自生凉。雨添山色翠将溜，日转松阴晚更长。病客独来惟有睡，游僧相见亦他方。还家烦热都消尽，不信医王与药尝。"苏轼、苏辙兄弟的赞赏与唱和，为虎跑增添了浓郁的人文气息。

二

性空大师开山之后，一千多年间，虎跑寺不知出过多少名僧。而这其中，最著名并受到人们普遍喜爱的，是宋代高僧济公。济公出家于灵隐寺，后居净慈寺，圆寂于虎跑寺，可谓串联起了整个西湖佛国。

济公本姓李，名心远，南宋初期天台山临海郡（今浙江省天台县城北石墙头）人。父李茂春，是宋真宗时驸马都尉李遵勖的后裔；母王氏。李茂春曾官拜春坊赞善（东宫太子的僚属，地位相当于谏议大夫），但他素性恬淡，弃官隐居于天台山。夫妇二人都是居士，因无子，虔诚求佛，夫人王氏于是得梦吞日光，于南宋绍兴三年（1133）二月初二生心远。

心远"美姿容，性聪慧"，幼习儒业，写得一手好文章。十八岁的时候，父母相继辞世，心远往杭州灵隐寺依慧远和尚出家。慧远和尚，号瞎堂，南宋临济宗杨岐派高僧，圆悟克勤禅师之法嗣。俗姓彭，眉山（今四川境内）金流镇人。十三岁出家为僧，在圆悟克勤禅师座下开悟。宋乾道六年（1170），诏命出任杭州灵隐寺方丈。乾道七年（1171），奉诏入禁中问法，得赐"佛海禅师"之号。此后多次奉诏入宫，大弘禅道。

心远在慧远禅师座下剃度后，得法名道济。由于宿根深厚，在慧远禅师的指点下，他很快就开悟了。开悟之后，道济之人生风格大变。他疯疯癫癫，饮酒食肉，不喜诵经打坐，却每日流连于市井之间，不戒酒肉，更喜蘸大蒜食狗肉，语言诙谐，穿着破衣，戴着破帽，手持破扇。其因行为不检点，被众僧告到其师慧远面前，慧远为庇护他，说："佛门之大，岂不容一癫僧！"于是被称作济癫。他又喜打筋斗，不穿裤子，人讪笑之，他却"自视夷然"。

淳熙三年（1176）正月十五日，慧远圆寂，济公失去了靠山，被赶出灵隐寺，于是转投净慈寺德辉长老的门下，任书记僧。他撰写文章，不加思考，信笔挥洒，文采斐然。因为医术精湛，常常救助百姓，他被百姓称为济公活佛，传说他是降龙罗汉转世。他饮酒食肉等习气不改，如果有人准备好酒食，请他诵经，还没等请他，他自己就来了。济公曾写过一首诗，形象地描述了自己"贪"酒的心态："何须林景胜潇湘，只愿西湖化为酒。和身卧倒西湖边，一浪来时吞一口。"

民间关于他的传说很多，其中与虎跑相关的是济公救螺的故事。

传说虎跑寺重建落成开光那天，官宦人家的夫人、小姐聚集到正殿前荷花池边，拿来金色鲤鱼、大甲鱼放生比富。有个穷苦的老婆婆拎着半篮子本打算吃的螺蛳来放生，螺蛳已被剪了屁股。那些富家人嘲笑她："这么差的东西，也好意思放生。"

好打抱不平的济公看到了这一幕。他把老婆婆手里的螺蛳倒进山门外的小溪里，挥挥手里的破蒲扇，大喊几声："涨，涨，涨！"

只见荷花池里的水迅速下降，消失的水全流到小溪里去了，小溪从此畅流不歇。太太小姐们的鱼鳖没几天就死了，断尾螺却生生不息，从南宋繁衍到今天。

济公于宋嘉定二年（1209）五月十六日圆寂，临终前曾作一偈："六十年来狼藉，东壁打到西壁。如今收拾归来，依旧水连天碧。"济公去世后，遗下很多珠圆

济公塔院

玉润的舍利，轰动一时，国人皆争归供养，余下的在虎跑寺内建塔供奉，就是现在所能看到的济公塔院。

早在南宋时，就有说书人将济公生平敷演成话本，随处讲说，成为大众喜闻乐见的艺术题材之一。济公的形象也因此深入民心，传遍了大江南北。尤其是在江南，几乎人人心目中都有一个蓬头垢面、衣衫褴褛，却欢天喜地、到处救苦救难的济公形象。

三

民国肇建之初，虎跑迎来了一位近代史上学贯中西，精通教学、戏剧、音乐、美术、诗词、篆刻的艺术大师李叔同。"长亭外，古道边，芳草碧连天……"这首脍炙人口的歌曲《送别》，正是由他作词传唱开的。

李叔同（1880—1942），号息霜，浙江平湖人，1898 年他到上海，参与上海书画公会、沪学会，曾就读于南洋公学。1905 年东渡日本，留学于东京美术学校和音乐学校，专攻西洋绘画和音乐。1906 年与同学曾孝谷创办业余话剧团体春柳社，演出《茶花女》，开中国话剧之先河。1910 年携日本妻子福基回国。之后，他任天津北洋高等工业学堂、直隶模范工业学堂教员。翌年任上海城东女子学校音乐教员。1912 年任浙江省立第一师范学校音乐、美术教师。1915 年应江谦之聘，执教于南京高等师范学校，教授图画、音乐，兼教于浙江两级师范。

1916 年，李叔同正被神经衰弱困扰。这一天，他的好友夏丏尊在一本日本杂志上看到一篇题为《断食的修养方法》的文章。文章说断食是身心更新的修养方法，自古宗教上的杰出人物，如释迦牟尼、耶稣等都曾实行断食修炼。还说断食可以改去恶德，生出伟大的精神力量，并且又列出了实行断食过程中的种种注意事项和方法。

夏丏尊一时兴奋，就把它介绍给李叔同。李叔同不看倒也罢了，这一看就被迷住了。他是一个认真的人，虽然无意去做释迦牟尼、耶稣那样的圣人，但既然这篇文章中说断食有许多好处，那为何不去试试呢？李叔同在《我在西湖出家的经过》中是这样自白的："我于日本杂志中，看到有说关于断食的方法的，谓断食可治疗各种疾病。当时我就起了一种好奇心，想来断食一下，因为我那个时候患有神经衰弱症，若实行断食后，或者可以痊愈，亦未可知。"因为断食需在寒冷的季节进行，于是他于这年的农历十一月前往虎跑，"行断食"。

李叔同在虎跑的断食实行得很顺利。他原意只是来试试断食后的感觉，并无其他更多的期望。可他这回亲临寺院，原本对寺院生活就很是向往的他对僧人的生活更加认同起来。李叔同在断食期间写有《断食日志》，非常详细地记录下了他在断食期间的生活细节。我们不妨通过几则日志看看他断食的经过和心路历程。

虎跑寺　出自《西湖纪胜图册》

丙辰嘉平一日始。断食后，易名欣，字叔同，黄昏老人，李息。

十一月廿二日，决定断食。祷诸大神之前，神诏断食，故决定之。

……卅日晨，命闻玉携蚊帐、米、纸、糊，用具到虎跑。……午后四时半入山……因明日始即预备断食，强止之。……十二月一日，晴，微风，五十度。断食前期第一日。……十八日，阴，微雨，四十九度。断食后期最后一日。

日记最后写道："十九日，阴，微雨，四时半起床。午后一时出山归校。"

所以他的断食时间，准确地说是 1916 年 12 月 25

日至 1917 年 1 月 11 日，前后共 18 天。如果加上他入山和返校的两天，共 20 天。

对于这次断食，李叔同在《我在西湖出家的经过》中是这样评价的："我住进去以后，常常看见一位出家人在我窗前经过，即是住在楼上的那一位。我看他却十分地欢喜呢！因此就常和他来谈话，同时他也时常拿佛经来给我看。……这回到虎跑寺去住，看到他们那种生活，却很喜欢且羡慕起来了。我虽然在那边只住了半个多月，但心头十分愉快，而且对于他们吃的菜蔬，更喜欢吃。……这一次我到虎跑断食，可以说是我出家的近因了。"

1917 年学校放寒假，李叔同没有回上海家里，而是再次来到虎跑，以居士身份"静习"，并拜了悟方丈为师。1918 年农历七月十三，李叔同正式出家，法名弘一法师。这天是大势至菩萨诞辰日，李叔同行剃度礼，从此过上了青灯黄卷的僧侣生活。

在此后的二十多年僧侣生涯里，他一心弘扬律宗，著有《南山律在家备览》，成为重兴南山律宗第十一代祖师。

抗日战争爆发后，身在红尘之外的弘一法师以满腔热忱提出"念佛不忘爱国"的口号，影响很大。1942 年 10 月 10 日下午六点，他于福建泉州温陵养老院写下"悲欣交集见观经"几字，将其托付妙莲法师。三天之后安然圆寂。

1953 年，在弘一法师逝世十一周年之际，他的学生丰子恺等人因大师出家虎跑寺，将其灵骨从福建请来杭州后，埋在虎跑后山半山中。他们还约钱君匋、叶圣陶等集资建"弘一大师舍利塔"，塔名由马一浮亲书，次年正式落成。

弘一法师李叔同是学术界公认的通才和奇才，赵朴初先生曾如此评价他一生对文艺和佛教的贡献："深悲早现茶花女，胜愿终成苦行僧。无尽奇珍供世眼，一轮圆月耀天心。"他出家虎跑，又为虎跑增添了旷古神奇的色彩。

如今，虎跑寺早已没有了僧人，虎跑已成为集泉文化、茶文化、佛教文化于一身的传统文化公园，同时以谷幽、林盛、溪清的生态环境展现着完美的山水之胜、林壑之美。当晨曦透过树林，温柔地唤醒了新的一天，我们不妨信步其中，静心体悟禅意之美。

参考文献

1.〔南朝梁〕慧皎等：《高僧传合集》，上海古籍出版社，2011 年。

2.〔清〕释圣光等辑：《虎跑定慧寺志》，杭州出版社，2007 年。

3.〔明〕田汝成：《西湖游览志余》，上海古籍出版社，1998 年。

4.李叔同：《李叔同的禅语与修身》，译林出版社，2016 年。

浮屠矗立俯江流：月轮山

　　自虎跑后山一路向南，很快就可以看到杭州的母亲河——钱塘江。濒临钱塘江的地方，有一座形圆如月的山脉。因为这一独特的形貌，人们给它起了一个诗意的名字——"月轮"。月轮山是远眺钱江美景的绝佳去处。于山巅极目南望，真有一种"春江潮水连海平"的壮阔之感，又有"寄蜉蝣于天地，渺沧海之一粟"的舒朗情怀，使人逸兴遄飞。

一

　　在这座诗意的山峰上，产生了不少传说故事。明田汝成《西湖游览志》卷二十四记载了这样一则："宋时，张君房为钱唐令，夜宿月轮山，寺僧报曰：'桂子下塔。'遽起望之，纷如烟雾，回旋成穗，散坠如牵牛子，黄白相间，咀之无味。"桂子，传说是月中的桂树所结的果实，唐朝诗人宋之问的《灵隐寺》一诗中曾有"桂子月中落，天香云外飘"的佳句。这纷纷如雾的桂子，为月轮山平添了几分梦幻般的色彩。

　　除了梦幻的桂子，月轮山还是杭州金鱼的发祥地。苏轼有诗云："我识南屏金鲫鱼。"这曾被认为是杭州金鱼的最早记载。很多人把净慈寺的"万工池"认定为金鱼的发源地，事实上，我们却从一则有关苏轼的故事中，找到了真正的答案。

清翟灏等《湖山便览》卷十一有《金鱼池》一篇，引用了苏轼的一则诗话。说的是他曾在比他大近四十岁的著名诗人苏舜钦（字子美）的《六和寺》诗里，读到过"沿桥待金鲫，竟日独迟留"的句子。起先，他不明白这话的意思，直到后来到杭州担任通判，才知道月轮山的六和塔院开化寺后水池中就有这种全身金色的奇特的鱼。后来，他又去开化寺游览金鱼池，还往池中投了饼饵，可是过了好久，金鱼才出现。但不一会儿，它们碰也不碰饼饵就又躲藏到池水淹没的山岩下面去了，之后再也没有露面。

苏轼因而感叹："从苏子美作《六和寺》诗到如今，四十多年过去了。苏子美的诗中既然用了'迟留'这样的词语，可见这种鱼非常自爱自重，生存的时间也是天长日久了。依我看，如果不是它们有意谦让，无所欲望，易于退让，而且又不乱吃东西，怎么能享受如此漫长的寿命呢？"

苏轼这番暗藏人生哲理的妙论，却为人们揭开了杭州金鱼发祥地之谜。这个故事可以印证，杭州的金鱼发祥于月轮山腰的水池中，因而这个水池也被称作"金鱼池"。

二

从月轮山脚拾级而上五六分钟，就可看见矗立于山腰的千年古塔——六和塔。民族英雄林则徐这样描摹它的雄奇："浮屠矗立俯江流，暮色苍茫四望收。"六和

六和月轮

塔就是前文提到的六和塔院开化寺被毁后唯一留下的历史见证，成为杭州最重要的宋代建筑遗存。

六和塔的"六和"是什么意思？其名之由来历来说法不一。

一说：取诸佛教典籍《本业璎珞经》中之"六和敬"，曰："身和同住，口和无争，竟和同悦，戒和同修，见和同解，利和同均。"即"心合、口合、意合、见合、戒合、悦合"。

二说：取诸道教之"六合"，即天、地、东、南、西、北，建佛塔可镇各方妖魔。

三说：源自《晋书·五行志》中"六气和则沴疾不生，盖寓修德祈年"之意。

四说：钱王为保境安民，不事战争，故以六和名之。

其实，无论哪种说法，都寄托了人们对六和塔消灾祈福功能的冀望。

不过，关于六和塔由来最引人入胜的故事，总是离不开它脚下的那条钱塘江。

一千多年前的吴越国时期，杭州是都城。吴越王钱镠勇猛无比，被称为"钱王"。

钱王统治杭州时，钱塘江的围海大堤总是修不起来。昼夜两次涨潮，堤坝尚未完工，就会被潮水冲垮，潮水给江边的百姓带来了极大的危害。民间传言，江中有兴风作浪的潮神，才使潮水泛滥。

国王钱镠在农历八月十八（潮水最大那日），令万名弓弩手候在江边，当潮水汹涌而来时，万箭齐发，周边百姓也来助威。潮水在钱王和百姓的威慑下，向后退去，直至消失在远方。

如今，钱江潮水一到六和塔边就会逐渐减小，在塔前江面，平缓下来的水弯弯曲曲地向前流去，呈"之"字状，钱塘江因此又名"之江"。

百姓们为了纪念钱王的功绩，从此把江边的海堤叫作"钱塘"。

这就是著名的"钱王射潮"传说。如今，在杭州钱江三桥边上屹立的"钱王射潮"雕塑，纪念的就是这段往事。

历史上，六和塔确实是吴越国时期始建。北宋开宝四年（971），吴越王钱俶为镇压钱塘江潮，命永明延寿、赞宁二禅师建造九级高塔。据《咸淳临安志》卷八十二记载："智觉禅师延寿始于钱氏南果园开山建塔，因即其地造寺，以镇江潮。塔高九级，五十余丈，内藏佛舍利。"塔身外侧装有塔灯，因而可以作为钱塘江夜航船只的航标。

钱塘江自古以来江流曲折、风波险恶，曾多次泛滥，导致百姓流离失所。因此，不仅仅是帝王，老百姓一直以来也怀着震慑江流、安居乐业的愿望，他们的故事是这样的：

古时候，钱塘江里住着一位性情暴躁的龙王，经常无缘无故兴风作浪，打翻渔船，淹没农田，附近人民怨声载道。

有一户穷苦的渔民，老夫妻俩带着一个还只有五岁的儿子六和，住在小船里，靠打鱼为生。

有一天，六和的父亲划船去打鱼，不想忽然涨潮了，凶猛的潮水打翻小船，将他淹死了。

六和娘儿俩抱头痛哭了一天。为了生活，六和的母亲用麻线编了两个小圆网，六和找来两根竹竿，把圆网拴在竹竿上，准备下江去捞潮头鱼来卖钱。

娘儿俩每天赤着脚，趁涨潮的时候，跑在潮头前面捞潮头鱼，要是跑得稍慢一步就会被潮水卷去。

这一天，娘儿俩正在捞鱼，不料这次潮水来得特别快，特别凶。

六和的母亲因为饿得发昏，跑不快，一个浪头打来，把她卷进了漩涡里。六和人小机灵跑得快，三脚两步窜到岸边，一纵身抓住江岸悬崖上的倒挂藤，手拉脚蹬，终于攀上了江边的小山头。

六和没了母亲，更是孤苦伶仃、无依无靠了。他又伤心又愤怒，在山上哭了三天，想了三天。他想用一个办法让潮水不再横冲直撞，到处害人。

于是他用尽力气，把山上大大小小的石块搬下来，发誓要用石块把钱塘江填满，压死江底的恶龙王。

他丢了整整七七四十九天。

江底的龙王走到他的水晶宫门口，想伸头看看岸上的动静，不料却被六和丢下的石块砸在头上，把他的一只龙角砸歪了。

疼得嗷嗷叫的龙王把龟宰相请来商议，最后决定带些奇珍异宝去向六和讲和。

这一天是八月十八，六和正站在江边山头上朝江心丢石块，众乡亲们也都帮着他一起丢。

忽听"轰隆隆"的声音自远而近，钱塘江大潮涌了过来。不一会儿，潮头涨到小山下，龙王现身出来。他当着六和的面说："小孩，小孩，你不要再丢石块了。要金要银要珍宝，你只要说出来，我都可以给你！"

六和见龙王低头了，便答道："龙王，你听着，我不要你的金银和珠宝。你要依我两件事，如若不依，我就用石块压坍你的水晶宫，填平这条钱塘江！"

龙王忙问是哪两件。六和说:"第一件,马上把我爹娘都送回来;第二件,从今以后不许乱涨大潮,潮水只许规规矩矩顺着河道走,涨到小山这里为止。"

龙王满心不情愿,但又怕六和真的把钱塘江填平,压坍他的水晶宫,只好哭丧着脸一一应承,转身走了。潮水也随着他往后退走。

六和斗赢了龙王,乡亲们把他抬得高高的,齐声欢呼起来。

江面渐渐平静了。不多久,只见江面远处,有一只小船飞一般地朝小山这边驶来。

小船越驶越近,六和一眼就认出来那是他家的小渔船,船上站着的正是自己的父母!小渔船在山下靠了岸,船里还有满满一舱鲜鱼。六和与父母重聚了。

从那时起,钱塘江的潮水便小了许多,而且涨到那座小山边便稳下来,不敢再往上涨。

人们就在江岸筑起堤坝,把沿江两岸的荒滩都开辟成良田,种上庄稼。

只有每年八月十八那一天,潮水比平常要大些,那是龙王吃过六和的亏,怕他的部下再闯祸,亲自出来巡江的缘故。所以,人们都在这一天赶到江边来看潮。

江边的老百姓为了感谢六和制伏了龙王,替子孙后代造福,就在他搬石块的小山上修筑起一座宝塔,这便是现在的"六和塔"。

钱塘江和六和塔

这是一个属于百姓的传说。"六和镇江"，反映出的是人定胜天的大无畏精神和对河清海晏的美好期待。听惯了那些顶天立地的英雄传说，也许百姓的抗争才更具有震撼人心的力量。

北宋宣和三年（1121），六和塔在方腊起义中被全毁。南宋绍兴二十三年（1153），该塔在原址重建，重建工程由南宋礼部、临安府和转运司共同主持。隆兴元年（1163）时，该塔重建完毕，塔身被改建为七层。此后，该塔的外檐在元元统年间（1333—1335）和明嘉靖三年（1524）得以重修，这两次重修还重新安装了塔刹。嘉靖十二年（1533），六和塔被倭寇纵火，塔外的木质结构几乎全毁。清雍正十三年（1735）和光绪二十六年（1900），塔的外檐得以重建，这便是我们现在看到的六和塔外檐结构，塔身仍为宋代时所造。

六和塔内，最具艺术性的，是须弥座束腰上的宋代砖雕，共174组，题材主要包括花卉、飞禽、走兽、飞仙、乐伎、回纹、云纹、如意等。七层塔室外侧每层均挂有一块匾额，第一层为"初地坚固"，第二层为"二谛俱融"，第三层为"三明净域"，第四层为"四天宝纲"，第五层为"五云扶盖"，第六层为"六鳌负戴"，第七层为"七宝庄严"。六和塔底层西南、西北、东北、东南内墙壁龛上还嵌有南宋《金刚经》刻石四块，由宋代贾昌朝、富弼等32位名士达官分别书写。

三

沿着六和塔景点门前的一条岔道走上月轮山，不到十分钟的路程，就可见在秀树翠林间，隐逸着一处灰色古建筑。它七层的台基依山而砌，这便是龚佳育墓的墓道。整个墓道长62.7米，墓道两边，摆置着几尊健硕的石马、和蔼的石翁、威猛的石虎和可亲的石羊。

拾级而上，便可见一座两柱单间的石牌坊，上面的二狮戏球、仙鹤等浮雕，雕琢清晰，线条柔和，造型生动。牌坊两旁还立有两座粗犷的石头华表。牌坊之后，两座形状相同的碑亭分置于墓道两侧，全亭用石头砌筑而成，亭柱之间的栏板外侧均刻有宝瓶荷叶纹。这些都是康熙年间所建，是西湖风景区乃至杭州不可多得的保存较为完整的清代士大夫墓葬实迹。

龚佳育（1622—1685），初名佳胤，字祖锡，又字介岑，杭州仁和人。康熙年间曾任山东按察金事、江南布政使、太常寺卿、光禄寺卿等职。龚佳育为政，持"利未可遽兴，当先祛其弊"的观念，所以为官期间清廉正直，不畏权势，奉公守职，勤政爱民，"所至多有异绩"，深受百姓爱戴。

龚佳育及其子龚翔麟还是著名的藏书家，世称"龚家藏书甲浙右"。清初著名词人、浙西词派的开创者朱彝尊就曾在龚佳育的幕府中供职。撰有《千顷堂书目》的著名藏书家黄虞稷也曾在龚佳育家做家庭教师，曾见到不少未睹之书。龚佳育还喜欢刻书，钱仪吉《碑传集》中记载："江宁学宫明德堂北旧有藏书板残阙，公（龚佳育）选诸生磨勒，补完成书数百种，又雕《钦颁四书讲义》以行。"龚佳育归葬月轮山，给这座诗意的山峰更添一笔文艺色彩。

除了文人墨客外，行武之人也与月轮山颇有渊源。四大名著之一的《水浒传》里，著名的梁山好汉鲁智深和武松都在月轮山走向了人生的终点。武松在杭州万松岭上被方腊手下大将砍掉左膀，成了废人，万念俱灰，在征战方腊结束后，就向宋江提出在月轮山麓的六和寺出家，照顾重病的林冲。宋江将兵马驻扎在六和寺，鲁智深与武松忽听得钱塘江上潮声雷响。鲁智深是北方人，从没听说过钱江潮，以为是战鼓声，便起身准备迎战。后来僧人跟他解释，方知这是潮信。于是，他想起以前出家时师父说过"听潮而圆，见信而寂"的偈言，觉得这是宿命，便在六和塔边圆寂坐化。后来，武松也在八十岁时圆寂于六和寺。

历经数十年血雨腥风、戎马倥偬的两位好汉，不约而同地选择在六和寺安然度过余年，人生汹涌的浪潮在这里趋于寂静……这也许正和守护一片江水，造福一方百姓的"六和"观念暗合吧。

如今，"平安六和"主题公园在月轮山下全新亮相，为市民游客回望"六和"渊源提供了全新去处。"六和"也成为杭州平安建设的品牌和愿景，被赋予了崭新的内涵，成为杭州市域社会治理现代化的闪亮名片。

参考文献

1.〔五代〕孙光宪:《北梦琐言》,中华书局,2002年。

2.赵尔巽:《清史稿》,中华书局,1998年。

3.王士伦:《杭州六和塔》,《文物》1981年第4期。

4.吴关荣:《钱塘江传说》,杭州出版社,2013年。

无双毕竟是家山

HANG ZHOU

汲水烹茶正雨前：风篁岭、狮子山

　　每年清明前后，许多杭州本地人会起个大早，聚拢在前文所述的大慈山下虎跑泉边，接取甘泉。不少人自然是为了自家用水，但更多的是为了冲泡杭州出产的名茶——龙井。不少外地游客也会将品尝一杯虎跑泉冲泡的龙井茶，作为游历杭州的重要行程之一。就在虎跑泉的西北边，有一座风篁岭，一名五子岭，东起双峰村，西至龙井村，岭巅海拔约 109 米。它是钱塘江与西湖的分水岭之一，西湖风景区天然水源之一的玉钩涧和著名的九溪十八涧均发源于此。沿风篁岭上的龙井路向西南行，便可到狮子山，狮子山海拔 186 米，因形如蹲狮而得名。风篁岭、狮子山一带，就是最正宗的西湖龙井茶产地。

一

　　北宋天圣六年（1028），一位名叫元净的和尚来到杭州上天竺寺，师从慈云法师，学习天台教义。他本名徐无象，出生于於潜县（今临安於潜镇）。相传，他出生时，有位外乡客路过，指着他家的房子说："这里有佳气郁郁上腾，当生奇男子。"刚生下来时，他的左肩上有肉隆起，状若袈裟绦，八十一天后才消失。他的伯祖父认为这是大德妙相，说："乃宿世沙门，慎勿夺其所愿，让他终生事佛吧。"所以徐无象十岁时，父母亲就把他送到西菩山明智寺出家为僧，师从同县僧人法雨禅师，法名"元净"。

在上天竺寺，元净日夜勤勉，数年下来，深得慈云真传，学行并进，在慈云门下脱颖而出，成为其高足。慈云圆寂后，他又师从明智韶师，学习《摩诃止观》，从中感悟道："今天我终于知道，色声香味，都具有第一义谛。"说完，涕泪如雨。从此以后，凡遇物、人、事，都能圆融无碍。

在名师指点下，元净造诣日精，道行更高，名震吴越。二十五岁那年，宋仁宗闻其德行，特恩赐紫衣袈裟，并赐法号"辩才"。此后，他代韶师讲法长达十五年之久。嘉祐八年（1063），杭州知州沈遘应上天竺寺住持智月法师之邀，聘请辩才入山住持，并上请朝廷，以教易禅，朝廷恩准，赐改寺名为"灵感观音院"。当时在朝廷为相的文学家曾公亮，特意出钱十万，请正好来杭州任知州的书法家蔡襄题字，制作了金字巨匾送到寺里，一时轰动杭城。

辩才任上天竺住持时，杭州几任知州沈遘、蔡襄、陈襄、赵抃和苏轼都是品格高尚的有名文人。蔡襄是宋代茶叶的权威，著有可和《茶经》媲美的《茶录》，没有人敢在蔡襄面前品评茶事。也许是受到蔡襄的影响，元丰二年（1079）辩才从上天竺退居寿圣禅院后，就在狮子山开山种茶，品茗诵经，以茶学文，过着隐居的生活。

风篁岭本来相当荒僻，植被稀疏，经过辩才整治，种了很多竹子，于是"多苍筤筱簜，风韵凄清，至此林壑深沉，迥出尘表。流淙活活，自龙井而下，四时不绝"

上天竺

（田汝成《西湖游览志》）。所以辩才取岭名为凤篁。

与包拯齐名的"铁面御史"赵抃，因反对新法罢相，两度出任杭州知州。他和辩才是好友，几度到龙井拜访他。辩才退居龙井那一年，赵抃也从杭州知州任上退休，离杭前出游南山宿龙井，与辩才促膝长谈。

元丰七年（1084），赵抃去世前不久重回龙井看望老友辩才，并在龙泓亭赋诗一首："湖山深处梵王家，半纪重来两鬓华。珍重老师迎意厚，龙泓亭上点龙茶。"辩才也有和诗："南极星临释子家，杳然十里祝春华。公子自称增仙箓，几度龙泓咏贡茶。"

辩才和苏轼也是至交。苏轼在杭州通判任上时，次子苏迨体弱多病，四岁还不能走路，虽经多方求医，仍未见效。辩才知道后，让苏迨"于观音前剃落，权寄缁褐"，亲为其摩顶治病，结果立竿见影，苏迨行走如奔鹿，长大后被朝廷授予承务郎，一时传为美谈。为此，苏轼作诗称谢云："我有长头儿，角颊峙犀玉。四岁不知行，抱负烦背腹。师来为摩顶，起走趁奔鹿。"苏轼回京师后，还请辩才订造地藏菩萨像一尊及侍者二人，迎到京师寺中供养。

元祐五年（1090）十二月，苏轼离任杭州时，再一次去拜访辩才。因二人情谊深厚，煮茗论道间，不觉天色已晚，于是苏轼夜宿禅院，次日与辩才依依惜别。辩才也情不自已，忘了自己所定"送客不过溪"的规矩，将苏轼送过了归隐桥，二人还以诗相和。后来辩才在老龙井旁建亭，以示纪念。后人称它为"过溪亭"，也称"二老亭"，并把辩才送苏东坡过溪经过的归隐桥称为"二老桥"。

辩才退居风篁岭的那年，词人秦观在一个月夜前去寿圣院拜访辩才，事后写了《游龙井记》一文。根据此文记载，元丰二年（1079）秋后一日，秦观自吴兴（今浙江湖州）途经杭州，东还会稽（今浙江绍兴）时，辩才法师弛书邀秦观入山相见。那天秦观刚出城门，太阳已经下山，乘船经西湖到南屏普宁寺，入灵石坞，再从一条支径，上风篁岭，憩于龙井亭，酌泉据石而饮。从普宁寺开始，一路凡经佛寺十五座，都幽寂荒僻，不闻人声，道旁庐舍，或灯火隐显，草木深郁，流水激激悲鸣，如同人间仙境。行到二鼓，才到达寿圣院，拜谒辩才大师于潮音堂。第二天，秦观告别而回。秦观此文后经大书法家米芾为书碑刻石，"字画雄放"，乃米芾书法精妙之品。

元祐六年（1091）的秋天，辩才自知来日无多，即将化去，就入室晏坐，谢却宾客，不再言语、饮食。他召来同乡好友参寥，告诉他说："我已西方业成，如果这样连续七日没有外魔横冲，佑协吉祥而逝，那我的心愿就满足了。"到第五日，辩才以偈告众，与大家作别。到第七天，九月三十日，他悄然圆寂。

辩才去世的次年五月，其徒惟楚携带一轴辩才圆寂那天苏轼题与辩才的书函，来到当时在扬州任知州的苏轼衙舍，请求题跋。苏轼才知道去年写信的当天辩才圆寂，而再往前一年正是他离任杭州到龙井和辩才告别的日子。苏轼深深地为失去这位方外挚友而叹息不已，作偈祭奠。十月，辩才骨塔落成，苏轼又让弟弟苏辙撰写辩才大师的塔碑铭文。今天，我们在重建的辩才塔上，能够清晰地看到苏辙的长篇《龙井辩才法师塔碑》铭文。

二

龙井，不仅是茶名，也是村名、泉名、寺名。龙井村幽居群山，村旁有一泉。百姓纷纷传说此泉通东海，泉水乃东海龙王所赐。村中的水井就叫龙井，因有来自龙泓的水源，一年四季取之不竭，于是俗称此泉为"龙泓"。明代才子袁宏道描写泉水道："龙井泉既甘澄，石复秀润，流淙从石涧中出，泠泠可爱。"

明田汝成《西湖游览志》中记载了这样一个故事。明正统十三年（1448），太监李德住在龙井，遇到大旱，于是组织了一批壮汉掏井。刚开始掏出二十面铁牌、一尊玉佛和凿有大宋元丰年号的金、银锭各一锭。继而挖到一块高六尺多、奇怪兀突的巨石，八十个人才把它抬到地面，上有"神运"二字，旁边还有许多款识，已经磨灭了很多，没法读了，不知是哪个年代所镌刻的。最后又掏得十五面铁牌和上面凿着三国时期东吴赤乌年号

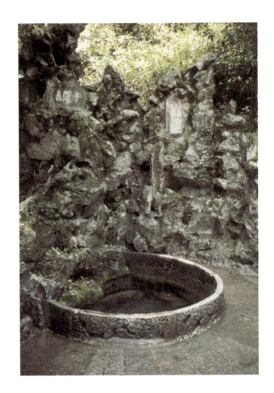

龙井泉

的白银两条。显然，掏出的这些物件都是历代在此求雨的人放在井里的。当下天色突变乌云密布，李德吓得不敢再掏了。由此可见，早在三国时期就有人在龙井求雨。

龙井寺创建于五代后汉乾祐二年（949）。当地居民凌霄募捐化缘，在龙井旁建报国看经院，北宋熙宁年间（1068—1077）改为寿圣院，并请当时的杭州通判苏轼题额。南宋时，在寿圣院增设了"三贤祠"，供奉辩才、赵抃和苏轼三人塑像，让人们瞻仰。此后一段时间，龙井寺最为兴旺，有归隐桥、方圆庵、寂室、照阁、闲堂、讷斋、潮音堂、涤心沼、萨埵石、冲泉、诸天阁等景点，苏轼任知州以后，名人到此题诗甚多。南宋绍兴三十一年（1161），改称广福院。淳祐六年（1246），改名为延恩衍庆寺，俗称一直是龙井寺。后来荒废，故址在今天的龙井茶室。

唐朝的"茶圣"陆羽在《茶经》中称，钱塘天竺、灵隐二寺产茶，但未曾提及龙井何时开始种茶。苏轼任杭州知州时，曾对西湖之滨种茶的历史有过考证。他认为，龙井的茶叶最早是由南北朝的诗人谢灵运在杭州翻译佛经时，从浙江的天台山带来种子种起来的。由此看来，至今已有 1500 多年历史了。虽然龙井村及其近旁的西湖西侧群山早就开始种茶，但是直到唐代仍评价不高。陆羽在《茶经》中评论当时各茶区所产茶的品质，说到浙西茶区时，结论是"湖州上，常州次，宣州、杭州、睦州、歙州下"。

陆羽对杭州茶评价不高和龙井茶隋唐时默默无闻，与宋代以前茶叶加工方法、饮茶方式也有一定关系。汉魏六朝时饮茶，是"浑而烹之"，煮成浓厚的羹汤而饮，和蔬菜羹汤吃法没有两样；唐代是制成饼茶，用煮茶法饮用。陆羽在《茶经》里讲述了当时的饮茶方法和评价茶叶好坏的标准；宋代则加工为团茶，流行的是点茶法，还举行斗茶，鉴别茶叶的好坏和点茶师的水平。明代中期以后，炒青散茶成为茶叶加工方式的主流，龙井茶十分适合这种加工方式，知名度就渐渐高起来了。

明万历年间（1573—1620）的杭州人高濂在《茶泉论》中说，由于产地山灵水美，加之炒制"甚精"，又所产不多，龙井茶终于成为不可言说的"妙品"。这不过十数亩之地所产的龙井茶，就是当今所称的"狮峰龙井"。高濂是个知识非常渊博的人，写潘必正、陈妙常爱情故事的传奇《玉簪记》是他的文学代表作。

不过，当时龙井茶尽管品质不差，却不很出名。高濂因为对家乡的偏爱，才会如此描述。同时代的湖北公安人袁宏道，就认为龙井茶的质量比不上当时的名茶徽州松萝茶（即今天的黄山毛峰）。他说：

"余尝与石篑、道元、子公汲泉烹茶于此。石篑因问龙井茶与天池孰佳，余谓龙井亦佳。龙井头茶虽香，尚作草气，茶品逊于徽州松萝茶。"

三

龙井茶真正声名鹊起，离不开那位喜爱游山玩水品尝美食的乾隆皇帝背书。

话说乾隆皇帝下江南时，来到杭州狮子山下的龙井村，在龙井村附近的胡公庙中歇脚。胡公名叫胡则，在北宋真宗、仁宗两朝都做过杭州知州，为政开明，死后葬于此地。传说曾经几次显灵异，于是立庙祀之。庙里和尚给乾隆端来一碗龙井茶，乾隆旅途劳顿本已口渴，加之庙中环境优雅，品茶效果自然很好。茶名龙井，山名狮峰，庙前茶树又有十八棵，皆是吉兆。

不一会儿，乾隆皇帝看见几个乡女正在十多棵绿茵茵的茶蓬前采茶，兴致来了也学着采了起来。忽太监来报："太后有疾，请皇上急速回京。"

乾隆皇帝听说太后娘娘有病，随手将一把茶叶向袋内一放，日夜兼程赶回京城。回京后发现，其实太后是好东西吃多了，一时肝火上升，双眼红肿，胃里不适，并没有大病。

太后见皇儿来到，又闻到一股清香，便问带来什么好东西。原来是乾隆遗忘在口袋里的一把茶叶，干后散发出浓郁茶香。于是宫女将茶泡好，果然清香扑鼻，太后喝后顿时舒服许多。孝敬的乾隆爷看到母亲开心，就封这十八颗茶树为"御茶"。

　　乾隆皇帝一生先后六次下江南，四次来到龙井。乾隆十六年（1751），他第一次南巡到杭州，去天竺寺观看了茶叶的采制，作了《观采茶作歌》诗；二十二年（1757）第二次来到杭州，他到了云栖，又作《观采茶作歌》诗一首；五年后第三次南巡，再上龙井，品尝了龙井泉水烹煎的龙井茶后，欣然成诗一首，名为《坐龙井上烹茶偶成》；时隔三年，第四次南巡时，又来到龙井，品饮香茗，也再次留下诗作《再游龙井》。

　　乾隆后来在杭州西湖龙井"茶乡第一村"亲笔题写了"西湖风景美；龙井名茶佳"的楹联。如今，西湖龙井不仅是我国茶中的极品，而且享誉世界。

　　如今，狮子山一带茶园遍布。清明前后，采茶女忙着采撷新茶嫩芽，炒茶高手忙着炒制上品龙井茶，到处是欢声笑语和馥郁茶香，一派热闹景象。"龙井问茶"因而被列为新西湖十景之一。

十八棵御茶

那十八棵御茶被人们用石雕栏围了起来，成为老龙井的古迹和风景。狮峰悬崖峭壁上镌刻着苏东坡手书的"老龙井"三个字。龙井村的茶农大多办起了农家乐，接待游客。游人来到这里品茶、询问茶史，可谓是一件快事。曾经少数人的享受，如今已进入寻常百姓家。

春日午后，我们信步于乾隆皇帝曾经走过的御道，探寻着风篁岭与狮子山的龙井风物和人文古迹，历史的沉香与悠远的茶香相得益彰，沁人心脾。那感受正如乾隆皇帝在《再游龙井》诗中写的那样："清跸重听龙井泉，明将归辔启华游。问山得路宜晴后，汲水烹茶正雨前。入目景光真迅尔，向人花木似依然。斯诚佳矣予无梦，天姥那希李谪仙。"

参考文献

1.〔清〕古吴墨浪子：《西湖佳话》，上海古籍出版社，1980年。

2.〔宋〕秦观著，徐培均笺注：《淮海集笺注》，上海古籍出版社，1994年。

3.〔唐〕陆羽：《茶经》，中华书局，2010年。

4.胡晓明：《宋辩才法师年谱》，《传统中国研究集刊》2009年第6期。

乾坤半壁岳家祠：葛岭、栖霞岭

伫立西湖之南，越过湖面向北眺望，可以看到矗立着保俶塔的宝石山。从宝石山向西，沿北山路直至与杨公堤的交叉口，山丘连绵，古迹众多。西湖北山，主要由两座山岭组成，西边那座，因为旧时多桃花，开放时灿如云霞，故名栖霞岭。东边那座，被称为葛岭，名称由来是东晋时期的著名道士——葛洪。葛岭之巅的初阳台，是晨观日出之绝佳处，著名的钱塘十景之中的"葛岭朝暾"即指这里。

一

西晋太康四年（283），葛洪出生于句容县（今江苏句容），其家原为三国时吴国门阀。他的祖父葛奚曾经在孙吴时期担任大鸿胪，叔祖父是三国时方士葛玄，是南方的道教领袖。父亲葛悌，入晋后，曾为邵陵太守。葛洪是家中第三子，十三岁时，父亲去世，家道中落。他生性寡欲，不好荣利。他本来想成为一个儒者，遍览经史子集，但是后来对神仙导引之法产生了兴趣，于是师从他叔祖父葛玄的弟子郑隐学习炼丹术。

他给自己取字稚川，别号抱朴子。抱朴一词源自《老

葛岭朝暾

子》之语"见素抱朴，少私寡欲"，葛洪以此表示要抱朴守质，不为物欲所诱惑。

在这之后，葛洪还有一段从政的经历，镇压过农民起义，还在广州刺史嵇含的帐下做过参军。然而，这些终不是他真正的志向。嵇含遇害后，他感到"荣位势利，譬如寄客，既非常物，又其去不可得留也"（《抱朴子外篇·自叙》），隐居于罗浮山中采药、炼丹，同时对许多病例做了非常细致的观察，积累了不少医学经验。

在此期间，他又拜南海太守鲍靓为师，继续学习炼丹术并兼习医术，还娶了鲍靓之女——擅长灸法的鲍姑为妻。

西晋末年，葛洪回到家乡，隐居不仕，精心著书，用四年的时间写成了著名的《抱朴子》。《抱朴子》分为内外两篇，其中《外篇》主要是对生平的自述和谈论社会上的各种事情，而《内篇》是对道家思想和丹道修炼方法的阐述。这本书将玄学与道教神学，方术与金丹、丹鼎与符、儒学与仙学统统纳入一体之中，从而确立了道教神仙理论体系。

葛洪是什么时候到葛岭修道炼丹的呢？正史中找不到明确记载，至今没有定论。不过《晋书·葛洪传》中记载他"于余杭山见何幼道、郭文举，目击而已，各无所言"，《西湖游览志》中也说他是在见过余杭山的两位道人何幼道、郭文举后，仰慕他们修仙的事迹，所以在西湖边结庐炼丹。由此看来，他应该就是那时来到了葛岭。

据说，葛洪初到杭州时，遍游湖山，选择结庐的好地方。他嫌南屏山太露，怪灵隐那边偏枯，又讨厌孤山浅隘，都不满意。这一天，他从栖霞岭向西而行，忽然看见一座山岭蜿蜒而前，在岭上可以看到升起的朝阳，在岭下结庐，可以潜心居住，岭头安放一个石头，可以静坐。而且此地有泉可以取水，有地方可以安放炼丹的鼎。最妙的是虽然杭州游人熙熙攘攘，但这里却闹中取静，罕有人至。葛洪不觉大喜，说道："这里就是我的居所了。"

于是，葛洪出钱买地，建造了一座抱朴庐居住，并在庐舍中安炉设鼎，炼化丹药，每天端坐于岭头，观察天地变化的玄机，参悟内心的哲理。一日突有感悟，因而题诗一首道："纵心参至道，天地大丹台。气逐白云出，火从红日来。真修在不息，虚结是灵胎。九转还千转，婴儿始出怀。"

从此以后，葛洪道家思想更加坚定，于是拜谢天地祖先，发愿施药济世，不再过问人世间的纷纷扰扰。他韬光养晦，不露踪迹，朝游三天竺，暮宿两山岭，据说一旬不吃也不饥饿，冬日没有御寒的衣物也不觉得寒冷，进入水中不会被沾湿，进入火中不会被点燃，举止行藏已经与凡人迥异了。当地看到他的人都很惊疑，也很羡慕。

当时的钱唐县尉听闻他的大名，特设席钱塘江口，请葛洪观潮。正在喝酒时，忽然潮水大作，钱塘江潮如同千军万马一般汹涌而来。观潮之人都远远地退到岸上去了。县尉见状，也要避去，葛洪却笑着让他留下来，说道："今天特地来观潮，潮至却不观，这不是白来了一回吗？"

县尉慌忙道："我不是不想看，我是往高一点的地方去，防止潮水的冲击啊。"

一旁的侍卫怕县尉有所闪失，于是簇拥着他往高处去，江边只剩下葛洪一人，依然在那里喝酒。不久，潮水来了，只见葛洪举杯向着大潮，称奇道妙，好像在跟潮水对话。那潮头本有三丈多高，但奇怪的是，到了葛洪面前，宛若被什么东西阻隔了一样，竟然自动分流而过，而葛洪坐的地方，毫无点水润湿，看到的人莫不称奇。

又有一年，钱唐大旱，百姓十分惶恐。官府请了道士设坛求雨，也有儿童行龙求雨，百计苦求，却并无半点雨水下来。葛洪见此光景，决心要为百姓解忧。于是他安慰众人说："你们不要慌，让我为你们求雨。"于是他在葛岭的丹井中取水吸了一口，而后站在初阳台上，望着四面一喷，不多时，阴云密布，很快下了一场大雨，滋润了四野，百姓们喜出望外。

这口丹井一直滋润着后世。明宣德年间（1426—1435）大旱，重新排水修井时，在井中发现一只石匣、四只石瓶。石匣极其牢固，打也打不开，石瓶中却找到些形状像芡实的药丸。有人尝了尝药丸，觉得没有什么气味，就丢掉了。有一位姓施的渔翁独自吃了一颗，后来竟活到一百零六岁。但把石匣拿掉后，井水就变得又臭又脏，不能饮用；把石匣放回去，井水又变得清冽如故了。

葛洪年老后，听说交趾（今越南北部）出产炼丹用的丹砂，就申请去广西北流县当县令。路过广州时，被仰慕他的刺史邓岳苦苦挽留，葛洪便又一次来到罗浮山炼丹修道。有一天，他忽然写了封信给邓岳，说："我要远行去寻找师父了。"

邓岳得信后，急忙赶去送别。这天葛洪一直打坐至中午，忽然像睡着一样去世了，等邓岳赶到，已来不及话别了。此时观其面目颜色如活着一般，身体也十分柔软，等到将其尸体抬入棺木时，发觉非常轻，好像衣服内是

〔清〕汪启渭《武林十二景·葛岭》

空的，大家都认为葛洪是羽化为仙，上天去了。

葛洪一生修道炼丹，治病救人，后人多登上葛岭凭吊他，就好像他的仙人遗风一直没有散去一样。"葛岭"这个名字也流传至今。

二

葛洪所建的抱朴庐，后来被称为抱朴道院。到唐代后逐步扩建，历五代至南宋，成了宋理宗、宋度宗时的权相贾似道的居所。

南宋景定三年（1262），因贾似道"护国有功"，宋理宗将葛岭之下的皇家园林集芳园赐予他。贾似道遂在此大加修葺，亭台楼阁、假山水榭，应有尽有，将他的宅园打造得富丽堂皇，并改名为后乐园和养乐园。

在那口炼丹古井旁，也许为了沾点仙气，贾似道还建起了别墅"半闲堂"，旁有湖景房"红梅阁"。从此之后，贾似道每五天在西湖上坐船上朝一次，公文全由人送至家中签署，时人形容："朝中无宰相，湖上有平章。"

贾似道平时都在别墅内莺歌燕舞，斗斗蟋蟀，逍遥自在。其时元军大举南下，南宋半壁江山危在旦夕，告急文书如雪片飞来，他却置若罔闻，报喜不报忧。

有一天，他与众姬游西湖，一姬妾见到两个少年男子，赞叹了一声："美哉，二少年！"贾似道说道："你愿嫁他们，我这就让他们来聘你。"不久，他召集众姬，说是少年送来了聘礼。大家打开一看，大惊失色，竟是那姬妾的头颅。

如此暴行实在令人发指，这个故事后来被明代戏曲家周朝俊改编为南戏《红梅记》。

《红梅记》的主角是太学生裴舜卿和贾似道的姬妾李慧娘。南宋末年，良家女子李慧娘因战乱流离，不幸被奸相贾似道掳于贾府充当歌姬。一日随贾似道游湖时，她看到太学生裴舜卿潇洒的姿容，听到他怒斥贾似道祸国殃民的慷慨陈词，不禁油然而生敬慕之情，脱口赞了一声，竟招来杀身之祸。

总兵之女卢昭容春日登楼眺望，折梅吟咏，见裴舜卿在墙外攀枝，心生爱慕，以梅枝相赠。贾似道垂涎卢昭容的美貌，而欲强纳为妾。裴舜卿冒充卢府的女婿至贾府为昭容拒婚，却被贾似道囚于书房红梅阁中，要将其杀死。

这个消息被李慧娘的鬼魂知道后，她想方设法将裴舜卿救出来。李慧娘的鬼魂还和贾似道辩论，主动坦承自己放走裴舜卿的经过，并怒斥贾似道的凶残暴戾。后来贾似道兵败而死，裴舜卿则考中探花，得以与卢昭容完婚。

周朝俊用这个李慧娘化为厉鬼复仇的故事，将人人唾骂的奸臣贾似道以文艺的形式钉上了历史的耻辱柱。所以后来万历四十年（1612）重修抱朴道院立碑时，碑上所刻的《重建葛仙庵碑记》一个字也没提到贾似道，恐怕是他的名声实在太坏了吧。

三

葛岭以西的栖霞岭下，矗立着巍巍岳王庙。其中供奉着一位"待从头、收拾旧山河"豪情满怀的英雄。

岳王，就是岳飞，他的名字早已家喻户晓。作为南宋时期的名将，他指挥麾下的岳家军，在对抗南侵的金国军队期间用兵如神，屡战屡胜。

南宋绍兴十年（1140）五月，金将完颜宗弼（金兀术）撕毁和议，分四路南下。完颜宗弼亲率主力攻入开封，元帅右监军完颜撒离喝攻陕西，金河南知府李成攻西京河南府（今河南洛阳），聂黎孛堇攻宋之京东路。岳家军奉命阻挡金国大军。

闰六月十二日，岳家军统制张宪和姚政率前军与游奕军攻下蔡州，岳飞委派马羽镇守蔡州。闰六月十九日，在离颍昌府四十里的地方，前军统制张宪指挥傅选等将击溃金国汉人万夫长韩常所部，并在第二天夺取颍昌府城。

七月初，完颜宗弼探听到岳飞本人在郾城指挥岳家军，于是全军出动直扑郾城岳家军总部，著名的郾城之战爆发。

完颜宗弼来势汹汹，其一万五千多精锐马军神速出现在距离郾城只有二十多里的地方。岳飞命令长子岳云率领八千马军出城迎击，并对他说道："必胜而后返，如不用命，吾先斩汝！"

双方的骑兵在城外率先开始决战，岳云的马军不断打退金军的冲锋。岳家军悍将杨再兴声称要活捉完颜宗弼，单骑冲入金军队伍中，杀死数十金军将士。

为鼓舞士气，岳飞亲率四十精锐亲兵铁骑突出阵前。都训练霍坚怕有闪失，上前劝阻道："相公为国重臣，安危所系，奈何轻敌！"

岳飞答道："这不是你所能明白的！"于是跃马冲出，以箭射击金军阵地。岳家军将士看到统帅亲自出马，顿时全力死战。完颜宗弼下令将"铁浮屠"投入战斗。

"铁浮屠"，又称"铁浮图"，"浮屠"是佛语中"塔"的意思。"铁浮屠"是金军的重装骑兵，士兵全身披着重甲，只留两只眼睛，马也身着重甲，只留四个蹄出来，人坐马上，远远看去像一座铁塔一样，故有此名。杨汝翼《顺昌战胜破贼录》中记载："自将牙兵三千策应，皆重铠全装，虏号'铁浮屠'，又号挖叉千户。""铁浮屠"属于金军中的精锐部队。进攻时，往往与"拐子马"相配合。

所谓"拐子马"，指的是金军布置在两翼的轻型或中型骑兵，可以充分利用其高度的机动性以及集团冲锋时所产生的巨大冲击力，用以对敌军迂回包抄而后突击。金军正是依靠中军"铁浮屠"和两翼"拐子马"组成的战阵，在进攻时相互配合，冲击敌军，创造了"女真满万不可敌"的神话。

岳飞当即令训练有素专门对付金军这套战术的精锐步兵上阵，以长柄麻札刀专剁"铁浮屠"无法包裹的马腿，精锐步兵随后立刻以重斧砍马上骑兵的肩胛、颈部等需要活动、有关节连接的地方。"铁浮屠"在岳家军的这番攻势下，乱作一团。杀到天黑，完颜宗弼全军溃败逃走。岳家军获得了郾城之战的完全胜利。随后，岳家军又抵挡住了金军对小商河和颍昌府的进攻，完颜宗弼损兵折将，退回开封。

岳家军乘势全线进击，进抵距离开封仅四十五里的朱仙镇。那时，从岳家军到普通百姓，无不认为恢复中原的时刻已经到来。然而，此时的岳飞却是眉头紧锁。就在他的部将张宪杀向开封的七月十八日，第一封让他班师的诏书已经送达。

七月上旬，岳家军积极北进时，一心主和的宰相秦桧让亲信殿中侍御史罗汝楫上奏说："目前兵微将少，民困国乏，岳飞若深入，岂不危也！愿陛下降诏，且令班师。"宋高宗赵构本来恢复决心就不坚定，于是在七月八日左右，大致与郾城之战同时，发出了第一道班师诏。

十天后，班师诏送达。岳飞鉴于当时完胜的战局，写了一封奏章反对班师："契勘金虏重兵尽聚东京，屡经败衄，锐气沮丧，内外震骇。闻之谍者，虏欲弃其辎重，疾走渡河。况今豪杰向风，士卒用命，天时人事，强弱已见，功及垂成，时不再来，机难轻失。臣日夜料之熟矣，惟陛下图之。"意思是说金军锐气已失，当下全军用命，正是一举恢复中原的最佳时机，希望宋高宗能够三思。

然而宋高宗畏金如鼠，更怕岳飞真的迎回徽、钦二帝，自己皇位不保，下定决心要求岳飞退兵。据说岳飞在一天之内接连收到十二道用金牌递发的班师诏，其中全是措辞严峻、不容反驳的急令，命令岳家军必须班师回鄂州，岳飞本人则去"行在"临安府朝见皇帝。

岳飞收到如此荒唐的命令，朝东往临安府的方向一再行拜礼，愤然泣下："十年之力，废于一旦。"不得不下令班师。

很多百姓闻讯，拦阻在岳飞的马前，哭诉说担心金兵反攻："我们这些人戴香盆、运粮草以迎官军，金人都已经知道了。将军你一旦走了，我们没有一个人能活下来啊。"

岳飞无奈，只能含泪取出诏书昭示众人，说："我不能擅自留在这里。"于是哭声震野。岳飞最终决定留军五日，以便当地百姓向南迁徙。

岳飞在前往临安府（今浙江杭州）的路上仍不断接到宋高宗的手诏，以及秦桧以三省、枢密院名义递发的省札。要求他"疾驰入觐"，"赴行在奏事"。后来，岳飞听到中原传来的宋军败讯，长叹一声："所得州郡，一朝全休！社稷江山，难以中兴！乾坤世界，无由再复！"岳飞的北伐至此失败，"岳家军"在历史舞台的辉煌演出也就此谢幕。

后来，岳飞被主和派的宋高宗和秦桧等人以"莫须有"的罪名在风波亭被处死，他的死也成为与金国和谈的条件之一。遇害后，他的尸体被狱卒隗顺冒死盗取，葬在临安城外九曲丛祠旁。

绍兴三十二年（1162），刚刚即位的宋孝宗下诏为岳飞平反昭雪，悬赏寻觅岳飞遗体，并寻访岳飞子孙后

岳庙栖霞

代封官授爵。隗顺的儿子看到诏书，就将保密多年的岳飞初葬地告诉了朝廷。宋孝宗遂将岳飞的遗骸隆重地迁葬到栖霞岭下，也就是如今的岳飞墓。

"青山有幸埋忠骨，白铁无辜铸佞臣。"在岳飞墓的正面，有秦桧、王氏、万俟卨、张俊等四名与岳飞被杀有关罪人的跪像，为白铁铸造。事实上，岳飞之死的罪魁祸首应该是宋高宗，然而因为他是皇帝，世人不敢公开指责，只好让一众大臣背了锅。

宋宁宗朝"开禧北伐"前夕，朝廷决定追封岳飞为鄂王，所以后世又称岳飞为"岳王"。嘉定十四年（1221），宋宁宗赐岳飞墓旁的智果观音院为褒忠衍福禅寺，即如今岳王庙的前身，以表彰岳飞的功德。"三十功名尘与土，八千里路云和月。"这出自岳飞《满江红》中的名句，正是其一生的最好概括。

据说岳飞当年投军时，他的母亲用针在其后背刺上"尽忠报国"四个字，于是留下了"岳母刺字"的典故。岳飞含冤受审时，曾袒露后背，见到这四个字的大理寺丞何铸大为震撼，不敢再审，甚至为其伸冤。秦桧在宋高宗同意下，改命万俟卨为御史中丞，酷刑逼供，锻铸冤狱。岳飞在狱案上愤然写下"天日昭昭！天日昭昭！"八个大字，向宋高宗和秦桧发出最后的抗议。

近九百年过去了，当我们走进岳王庙，仰望正殿忠烈祠叶剑英元帅手书的横匾"心昭天日"和大殿上高悬的岳飞手迹"还我河山"匾额，其中所蕴含的爱国主义精神和坚强不屈的意志依然是那么摄人心魄，催人奋发。

如今，葛岭上的葛仙翁依然不断被人供奉，栖霞岭下的岳王更是谒者不断，只有贾似道留存于人们的唾骂中，成为历史的沉渣。是的，历史自有定论，公道自在人心。

参考文献

1.〔唐〕房玄龄等：《晋书》，中华书局，1996年。

2.〔晋〕葛洪著，杨明照校笺：《抱朴子外篇校笺》，中华书局，1991年。

3.〔元〕脱脱等：《宋史》，中华书局，1985年。

4.〔明〕周朝俊著，王星琦校注：《红梅记》，上海古籍出版社，1985年。

5.〔元〕脱脱等：《金史》，中华书局，2019年。

6.周思成：《隳三都：蒙古灭金围城史》，山西人民出版社，2021年。

高亭数叠出云间：皋亭山（半山）

当我们循着西湖边的秀丽山水一路北上，向杭城的东北方向寻觅，会发现一条自西向东北绵延 10 余公里的绿色山脉横亘于艮山门外。远看一山飞峙，近看层峦叠嶂，这便是皋亭山。作为天目山蜿蜒东来之余脉，皋亭山由半山、黄鹤山、皋亭山诸峰组成。半山是诸山中最西边的山峰，海拔 283.9 米；皋亭山为杭城东北部诸山最高，海拔 362.1 米；其次是 310.1 米的黄鹤山。宋代诗人汪莘游皋亭山时曾赋《到高亭望南北两峰》诗一首：

> 每泛西湖不肯还，高亭数叠出云间。
> 如今回至高亭路，却望西湖数叠山。

关于皋亭山名称的由来，有多种说法。一说"皋"，意为水边高地；而"亭"，指人所聚集，所以皋亭山是在杭州形成过程中"人类停留下来，繁衍生息"的一块高地。一说皋亭山上旧有古亭名"高亭"，山以亭名。南宋宁宗曾御书"皋亭山"匾额。山势逶迤的皋亭山在古时是从北进入杭州城的必经之地，它就像一位门神一样，成为杭州城的北门锁钥。

在黄鹤山的山头上有一根皋亭山图腾柱，它所供奉的是皋亭神。因为年代久远，皋亭神的具体情况已不可考，想来应是皋亭山的先民们崇拜的主神。

唐长庆二年（822）七月，已年过半百的大诗人白居易来到皋亭山。此次，他是以新任杭州刺史的身份前来的。离开帝国政治中心长安的白居易刚到杭州，老天便给他来了个下马威——以多雨闻名的杭州这一年竟数月未雨，到了"野田禾稻半枯焦"的地步。忧心如焚的新任刺史担心民生，于是急赴西湖边的伍公山祈雨，然而却未能奏效。

这一天，一位幕僚建言道："听闻皋亭山的神灵很是灵验，刺史不妨一试？"白居易听罢，立即令人准备祭祀用品，第二天沐浴更衣，前往皋亭山。上得山来，白居易虔诚地在皋亭神庙中祷告，留下了千古传诵的《祝皋亭神文》。

祭祀刚毕，乌云密布，惊雷骤起，顷刻间，大雨倾盆而至，数日不绝。久旱的杭州就这样得逢甘霖，白居易的杭州刺史之路传奇开场。也许因此经历，白居易在刺史任上特别注重兴修水利。先后主持疏浚六井，并修堤蓄积西湖之水，解决了杭州的饮水和灌溉问题，泽被后人。

白居易所处的时代，唐王朝业已走了下坡路。藩镇割据、宦官专权，让这个曾经威震海内的王朝气息奄奄。唐乾宁二年（895），皋亭山下尘土纷飞，山上旌旗蔽日，两支大军云集于此，剑拔弩张。山下来者是吴王杨行密麾下大将宁国节度使田颙、润州团练使安仁义，在山上守卫的则是镇海军节度使钱镠，也就是后世所称的钱王。

　　这两支军队为什么会于此对峙呢？原来这年二月，陇西郡王董昌据越州（今浙江绍兴）反叛，自立为帝，国号大越罗平，改元顺天。他将手下大将钱镠封为两浙都指挥使，希望他和自己共同谋事。然而钱镠却拒绝了。不仅如此，他还写了一封信劝告董昌："大王与其想做天子，可最终只会让你的九族和百姓遭受涂炭，何不继续做你的节度使，可保终身富贵呢？你如果现在后悔的话，还来得及！"

　　董昌置若罔闻。于是钱镠率领三万大军进抵越州城下，在迎恩门与董昌相见，再次劝说："大王位兼将相，为什么要舍安就危呢！我这次前来，是期待大王你能改过啊。如若陛下派遣将领前来讨伐，即使大王你不爱惜自己，那些无辜的乡里士民也要随着大王灭族啊！"

　　这下董昌害怕起来，于是送给钱镠犒军钱二百万，并将劝他称帝的首谋者吴瑶及巫觋数人送给钱镠，请皇帝降罪。钱镠见状，带兵回去了。

　　朝廷念在董昌曾经上供过很多财物给朝廷，现在的所作所为可能只是一时冲昏了头，于是就下诏赦免他，让他解甲归田。此时钱镠却上表称董昌僭逆，不可赦免，请求朝廷让自己讨伐。

　　为何钱镠会一改之前的态度呢？原来，身在杭州的他早就想将浙江之地据为己有，董昌这次反叛可谓天赐良机，正所谓"螳螂捕蝉，黄雀在后"。后来，占据江淮的吴王杨行密也遣使拜见钱镠，说董昌已改过，应该放过他，却也被钱镠拒绝了。

这年六月，朝廷下诏任命钱镠为浙东招讨使，他再次出兵攻击董昌。董昌向杨行密求救，杨行密于是派遣泗州防御使台濛攻打钱镠军防守的苏州，又派宁国节度使田頵、润州团练使安仁义攻打杭州镇戍。所谓"杭州镇戍"，就是钱镠在皋亭山所修筑的石城，后世又称"钱王城寨"。

北宋《太平寰宇记》中记载："皋亭山在县东北二十五里，山上有石城，周回十里。"明万历《杭州府志》中也记载："去东南一里为古城山，高十余丈，周围里许，上钱王寨城基犹存。"如今我们在皋亭山上传为钱王寨石城的遗址处，还能看到一段墙体遗基，旁边有传为钱王寨基的高墩。

后来，钱镠军所占据的嘉兴、湖州、苏州都被围困，苏州甚至一度失守，但钱镠在杭州依托皋亭山上坚固的城寨，抵挡住杨行密大军的两路夹攻，为最终的胜利奠定了基础。

皋亭山

第二年五月，钱镠麾下大将顾全武攻克董昌的老巢越州城，董昌出降，钱镠军用船将他解往杭州。船行至西小江时，董昌看看左右之人，叹息道："我与钱镠都是从乡里共同起兵的，我也曾经是大将，现在我还有什么面目再去见他呢！"于是瞋目大呼，投水而死。后来钱镠将董昌的首级传于京师，并散金帛犒赏将士，开粮仓赈济百姓，逐渐恢复了浙江的社会秩序。

经此一役，钱镠被封为镇海、威胜两军度使，开创了后来吴越国一方基业。

二

南宋建炎三年（1129）二月，皋亭山麓的龙居寺。一位皇帝形容狼狈，靠在寺庙的山门前喘着粗气。一个月前，他从金军兵锋所指的扬州城一路向南狂奔，逃到这里方才暂时歇了下来。此时，距离他从康王赵构成为南宋的开国君主宋高宗仅仅过去了不到两年。

随着金军大举南下，南宋江淮防线失守，金军一路追击赵构，活下去成了他现在唯一的信念。身处龙居寺，赵构满心以为可以安枕无忧，却不想有人将他的行踪泄漏给了金人。傍晚时分，他听得有追杀声渐近，金人的旗帜又一次出现在视线之中，再也顾不得左右，慌忙跨上马来，向西逃去。

当赵构逃到西侧半山时，他胯下的马突然一个趔趄，足失前蹄，将他从马背上掀了下来。而马儿也倒在地上，再也不肯起来。赵构咬咬牙，忍痛爬起来，看看四周，心想：自己失去马匹，两条腿也跑不了多远，很快就会被金兵抓住，那就死定了；不如往山上去，看看有没有地方可以躲藏起来，或许还有一条生路。于是，他选了身旁一条小路，上了坡旁的小山。不久，金兵追至。他们看见倒在地上的马，又抬头看看山，寻思马上之人肯定上了山，便挥舞着马刀追上山来。

再说赵构慌不择路，只是一路往上。不久，他看见前面的松树林里，有个小姑娘坐在树下，正用耙子耙着松毛丝。赵构连忙喊道："姑娘救我！后面有金兵在追我！"

小姑娘见状，四下看了看，恰好旁边有个土坑，原来是村里人打柴挖树根留下的。她灵机一动，用手指着这个土坑对赵构说："你快跳进去，我不喊你，你千万别动也别出声！"

赵构想都没想，连忙跳了下去。小姑娘抄起耙子，三两下就把旁边一大堆松毛丝全耙到土坑之上，将赵构盖了个严严实实。然后，她旁若无人地坐在那里，继续耙着松毛丝。

不一会儿，金兵追到了跟前。他们看看四周只有这个小姑娘，于是问道："喂，刚才有人来过吗？"

小姑娘点点头，手指朝西一指："有个男人，朝那边的小路跑过去了。"金兵听罢，急忙一溜烟地向西追去。

马蹄声渐远，赵构佝偻着身子，惊魂未定地从土坑中爬出来，感激地说："多谢姑娘救命之恩！请问尊姓大名，他日必将报答！"

小姑娘大方地说道："我姓倪，大家都叫我小囡。我可不要你什么报答，我是看到那些坏人追你才帮你的。你赶紧走吧，要不然他们转回来，你可就麻烦了！"

赵构点点头，朝小囡拱了拱手，急忙朝反方向逃去了。

追赵构的金兵们按着小囡所指的方向一路来到一片平原之上，却没看见一个人影，顿觉上当了，于是恼羞成怒地转还回来，发现小囡竟还在那里耙着松毛丝。一名金军头领怒火中烧，丧心病狂地举起马刀，向着小囡就劈了下去。

赵构逃出了半山，又一路东遁，十月逃到越州（今浙江绍兴），随后又逃到明州（今浙江宁波），自明州到定海（今浙江舟山），漂泊海上，最后逃到温州（今属浙江）。直至第二年的四月，金兵撤离江南，赵构才又回到绍兴府（今浙江绍兴）、临安府（今浙江杭州）等地，并将临安府定为南宋的行在，在这里当起了皇帝。

赵构时常会想起半山遇险的那个傍晚。可是为彰显他的皇道正统，维护自己的形象，他又不愿意承认自己为一民女所救。于是他想起帝王危难之时必有神仙庇佑的"传统"，对外谎称是一位神灵"撒沙娘娘"救了自己，并且还敷演出一幕"撒沙娘娘"护国退敌的大戏。说是他脱险的次日，宋金两军接战之际，"撒沙娘娘"显灵，顷刻间狂风大作，扬起的沙尘迷住了金军的眼睛，宋兵则趁机杀入对方阵中，斩俘无数。

此役金军大败北遁，宋金从此分江而治，"宋中兴实肇于此"（胡世宁《撒沙夫人庙记》）。赵构还赐封倪小囡为"撒沙护国半山显应娘娘"，并下旨在半山修建了一座娘娘庙，历朝香火不断。抗战期间，半山娘娘庙被日军炸毁，现在皋亭山上所能看到的是 20 世纪 90 年代重建的。

因为皋亭山这座"杭州的靠山"的存在，南宋王朝得以在杭州立足。虽然"半山娘娘"源自传说，但也激励着南宋的诸多士大夫。约 140 年后，当南宋王朝行将灭亡时，命运再次选择了皋亭山。

德祐二年（1276）正月，皋亭山脉的元宝山寒霜遍地，南下的元军在这里筑起大营。此时，临安城已被围得水泄不通。一天清晨，艮山门外，一行一百多人的队伍，擎着"宋"字大旗，朝着皋亭山进发。这支队伍为首之人，是当时的南宋右丞相——文天祥。他受当政的谢太皇太后懿旨，来此与元军统帅伯颜谈判，也借此刺探元军虚实。

文天祥在元军大营前从容下马，带着两名侍卫，气宇轩昂地朝中军大帐走去。见到端坐于堂上的伯颜，文天祥毫无惧色，坦然自若，大义凛然地怒斥道："本朝承帝王正统，是衣冠礼乐之所在，你们却想要毁灭我们的社稷吗？"

伯颜听罢大吃一惊，连忙表示进临安后，"社稷必不动，百姓必不杀"。

文天祥理直气壮地说："既然如此，那就请你们先行退兵到平江（今江苏苏州）或者嘉兴，然后我朝可以与你们商议用岁币金帛犒劳你们的军队，最后你朝军队全数退回北方，这才是上策。倘若你们不肯，非要毁灭我们的宗庙社稷，那么淮、浙、闽、广等地，都还在我们手里，鹿死谁手尚未可知！"

伯颜听罢，又以胜者自居，语出不逊，意欲恐吓。文天祥不卑不亢，镇静自若地说："我是大宋的宰相和状元，但欠一死报效国家，即使是上刀山下油锅，我也没有什么可以怕的。"

皋亭积雪

　　伯颜理屈词穷，知道此次谈判难以使文天祥屈服，又见他举动有异，就叫其他使者先回去，而留下文天祥。

　　文天祥大怒："我此来为两国大事，何故留我？"

　　伯颜说："请息怒，你是宋朝大臣，责任不轻，今日之事，正当与我一起。"就叫万户蒙古岱和宣抚索多两人把他软禁起来。

　　二月初五，南宋朝廷正式向元朝上表请降，由贾余庆、吴坚等为"祈请使"赴元营跪献降表。伯颜把文天祥也找来与贾、吴等同坐，文天祥义愤填膺，大骂贾余庆等卖国，痛斥伯颜失信。他看见南宋叛臣吕文焕、吕师孟叔侄也在旁边，便大声训斥他们："父子兄弟受国厚恩，不能以死报国，乃合族为逆。"

　　吕文焕羞惭恚愤，和贾余庆共劝伯颜把文天祥拘捕起来。伯颜则令文天祥随祈请使一起北上大都（今北京）。到了镇江，杜浒等帮助文天祥一起在夜里逃亡到真州（今江苏仪征）。文天祥后数历艰险，转赴温州，在东南一隔继续抗元斗争。直至南宋祥兴元年（1278），在广东五坡岭兵败被俘，囚送大都。元至元十九年十二月（公历为1283年1月），不屈遇害，年仅四十七岁。

文天祥"皋亭抗辩"，为这条山脉增添了光辉的正气。

三

皋亭山南麓襟带上塘河，绿水青山，清幽恬静，深得很多文人逸士的青睐，成为他们的隐居之地。其中最知名的，是"元四家"之一的王蒙。

王蒙（1308—1385），字叔明，号香光居士，湖州人。他的外祖父是大名鼎鼎的元朝书画领袖赵孟頫，从小他就受到外祖父的影响而爱上了绘画。后来，他又师法王维、董源、巨然等人，形成自己的风格。他的作品以繁密见胜，气势充沛，变化多端；干湿互用，寄秀润清新于厚重浑穆之中；苔点多焦墨渴笔，顺势而下。后人将他与黄公望、吴镇、倪瓒合称为"元四家"。

王蒙曾经两次隐居于皋亭山脉的黄鹤山。第一次是年轻时，他隐居于此，过着"卧青山，望白云"的悠闲生活。元朝末年，张士诚占据浙西，聘请王蒙为理问、长史。不久之后，王蒙觉得这并非自己想要的生活，于是弃官而去，又一次隐居黄鹤山，自号黄鹤山樵。

清陈棠、姚景瀛《临平记再续》中记载："王蒙故宅，嘉靖《仁和县志》：'蒙字叔明，自吴兴徙杭，其宅近黄鹤山，因号黄鹤山樵。'"王蒙隐居黄鹤山二十多年之久，居室名为"琴鹤轩"。其画落款为"黄鹤山人""黄鹤山樵"，所画也大多是皋亭山之景象。如《秋山草堂图》，画上自题小篆书"秋山草堂"四字，下行楷书识云"黄鹤山中樵者王子蒙为画于淞峰书舍"。王蒙将他的一生追求寄托于这苍茫的皋亭山色之中。

明朝洪武初年，王蒙出山知泰安州事，曾经在当朝宰相胡惟庸的宅邸与人共同观画。洪武十三年（1380），明太祖朱元璋以"谋不轨"罪诛胡惟庸九族，王蒙竟也被牵连下狱，后死于狱中。王蒙曾经画有一幅《春山读书图》，画上有他自题的七律二首，其中有"露肘岩前捣苍术，科头林下煮新茶"之句。也许，世俗的纷扰本不该与他相关，这才是这位绘画天才所适宜的生活吧。王蒙死后埋葬于黄鹤山脚下，与这座他描绘了一生的山脉融为一体。

清嘉庆五年（1800）的春天，杭城接连下了二十天的雨。这天终于放晴，浙江巡抚阮元邀请好友陈文述、吴文溥、孙韶、程邦宪、许珩、黄文旸等人，坐着小船前往皋亭山看桃花。

皋亭山自古就以桃花闻名。山的西侧有一处"十里桃花坞"，相传南宋时，山坞两岸遍栽桃树，每逢春日，桃花便红遍了半山。从那时开始，便有了"皋亭观桃"的习俗。

阮元一行人观赏桃花后，又作画题诗，陈文述在《皋亭山修禊作图纪事》上，写了一首诗："迎眸山色一痕清，修禊人来画舫停。一种桃花与修竹，皋亭原不让兰亭。"皋亭修禊，成为一年一度的文人盛会。

阮元主政杭州时，几乎每年的踏青时节，他都与一众文人在皋亭山桃花丛中饮酒吟诗，留下了"江南江北花孰多，花多花少皆当歌。千红万紫不来看，花自春风人奈何"等诗句。

十年后的嘉庆二十年（1815）三月，阮元已离杭赴他处任职去了，他的从弟阮亨仍然来到皋亭山，观桃修禊。他在山上的佛日寺中小住数日，回想十多年来皋亭山观桃修禊之盛景，不禁感慨万千，于是将多年来文人们的诗歌一首首地笔录下来，辑成《皋亭倡和集》，流传于世。

千百年来，皋亭山脉不仅留下了帝王将相的踪迹，名人雅士亦纷至沓来，留下了诗词曲赋近200首（篇）。这里还蕴含着独特的英雄气质。"看山如观画，游山如读史"，正是皋亭山的最佳写照。皋亭山这座杭州最古老的山，山光水色和古迹遗存相得益彰，成为杭州历史文化的重要注脚。

杭州风景
HANG ZHOU

参考文献

1.〔宋〕欧阳修：《新五代史》，中华书局，1974年。
2.〔宋〕司马光：《资治通鉴》，中华书局，2011年。
3.〔清〕张廷玉等：《明史》，中华书局，1974年。
4.吴关荣:《皋亭山传说》，中国文联出版社，2008年。

谁似临平山上塔：临平山

　　天目山余脉自西而东，一直延伸到临平区境内，在皋亭山的东北面遗下一座孑然独立而又风景秀美之地，这便是临平山。临平山海拔 217.8 米，面积约 3.25 平方公里，山体呈现锐三角形，主山脊线呈东西走向，南北向山脊与山谷交错丛生，坡度较大，森林植被茂盛，南侧旧有临平湖。

　　元朝诗人吴景奎有一首诗《过临平》，诗曰："舟过临平后，青山一点无。……"意思是小船过了临平后，山一点都看不见，只有一马平川的平原了。所以有人说"临平"二字的意思就是濒临平地，描述的是这里的地势。

　　也许是觉得这样理解太平淡的缘故，民间还有个"钱王拎瓶"的故事更为有趣。话说吴越王钱镠有个会变身的特异功能，他可以变成一个顶天立地的巨人，一抬脚就可以跨过钱塘江。他还擅长使用鞭子，常把山赶来赶去。

　　有一天，钱镠到绍兴白马山游玩，一不小心举起手来把天捅了个窟窿，天上掉下来四座小山——现在的临平山、超山、半山（皋亭山）和凤凰山——挡住了老百姓的去路，大家不得不翻山越岭，很不方便。于是，钱镠决定把这些小山移开。只见他肩挑手拎，却仅能移走三座小山，还要腾出一只手来挥动鞭子，赶另一座小山。

赶着赶着，吃晚饭的时间到了，钱镠的妻子在钱塘江那边喊他吃饭了，于是他赶紧停下来，由于天太黑，看不清楚，就把手拎着的那个小山像瓶子一样随手放倒下了。因此，这座山就叫"拎瓶山"，谐音以讹传讹成了临平山。如今看起来，临平山确实像一只横卧的瓶子，东边细长，西边粗壮。

临平山自古就是杭州胜景，有萧桥望月、苏村桃李、断山残雪等"临平十景"。又因为是自东向西进入杭州的必经之地，所以又被称为"东来第一山"，成为杭州的东北门户。历代名人雅士竞相流连，吟赏游览者无数。

一

回首乱山横，不见居人只见城。谁似临平山上塔，亭亭，迎客西来送客行。　　归路晚风清，一枕初寒梦不成。今夜残灯斜照处，荧荧，秋雨晴时泪不晴。

这首名为《南乡子·送述古》的词是北宋著名文学家苏轼所写。当时是北宋熙宁七年（1074）的七月，苏轼时任杭州通判。标题中所说的述古，是他的好友陈襄，此时转任南都（今河南商丘市南）知州，苏轼送他至临平山，在舟中话别。

两年前，反对王安石变法的陈襄离开京师，被贬谪为杭州知州。当时苏轼正任杭州通判，陈襄成为苏轼的顶头上司。陈襄虽比苏轼年长二十岁，但当时苏轼已是名满天下的大诗人，所以陈襄并没有把苏轼看作下属，而是成了他的忘年交。

在杭期间，陈襄并不以迁谪为意，"平居存心以讲求民间利病为急"。他与苏轼二人因政见相近，互相尊重，诗词酬唱，亲密交往，成为志同道合的挚友。因而等到二人分别之时，不觉分外神伤。

送别的前几天，陈襄在吴山之上的有美堂宴请苏轼。当夜月色皎洁，面对钱塘江，身后又有西湖为依，陈襄不禁感慨万千，请苏轼赋词一首，苏轼顷刻而就一首《虞美人·有美堂赠述古》：

> 湖山信是东南美，一望弥千里。使君能得几回来？便使樽前醉倒、更徘徊。　　沙河塘里灯初上，水调谁家唱？夜阑风静欲归时，惟有一江明月、碧琉璃。

使君此去，何时方能重来？何时方能置酒高会？这便是苏轼内心真实心绪的写照。此时的他，回想起二人共事的这两年组织治蝗、赈济饥民、浚治钱塘六井、奖掖文学后进的往事。他们在力所能及的范围内，做了诸多有益于人民的事。此时即将天隔南北，心情岂能平静？

于是临行那日，苏轼一送便送到了临平山下。苏轼驻足临平山下，望着陈襄的舟船渐行渐远，一种物是人非的感觉油然而生。回望之下，临平山上的石塔映入眼帘，那是行旅接近杭城的标志之一。苏轼不禁想：谁能像临平山上的塔那样，高耸挺立，对于迎来送往无动于衷呢？

归来后晚风凄清，枕上初寒，残灯斜照，微光荧荧，苏轼辗转反侧，无法入睡。这淅沥不断的秋雨都已经停歇了，天已放晴，思念之泪却依然如雨，绵延不绝。

也许，苏轼此后还有过许多个清冷孤寂的不眠之夜，因思念友人而辗转反侧，泪眼蒙眬。这样一种依依惜别之情，正可见二人为人的高洁耿介和友情的纯洁真挚。至今读来扣人心扉，令人叹惋。临平山也因此成为一座送别的山。

二

有人在临平山"送往"，就有人在临平山"迎来"。

南宋绍兴十二年（1142）八月二十一日。临平山脚下。2400多人组成的仪仗队簇拥着銮驾、黄麾车仗，宋高宗赵构亲临此地。为何宋高宗会以这么大的阵仗到来呢？这还要从他的母亲韦太后说起。

宋高宗的母亲韦氏最初入宫时，只是一个普通的侍御。后来引起宋徽宗赵佶的注意，封为平昌郡君。韦氏娴静美丽，聪明机敏，渐渐赢得了宋徽宗的喜爱。大观元年（1107），韦氏进封婕妤。同年，生赵构于东京皇宫。

靖康元年（1126），金兵南下，围攻汴京。第二年，金军攻破汴京，徽宗、钦宗及后宫嫔妃三千余人被俘。韦氏也在被俘之列。这便是震惊天下的"靖康之变"，北宋由此灭亡。

当时，赵构正领兵十一万，屯扎于山东济州和河南濮州。金军知道以后，命赵构还京，赵构置之不理。五月，赵构便在南京（今河南商丘）即帝位，改元建康，建立南宋。

韦氏风尘仆仆，夹在庞大的俘虏队列中，逶迤而行。流落北漠，她心中苦不堪言，被俘的屈辱是无法言表的，更何况是女子，是曾经锦衣玉食的后宫佳人。韦氏含垢忍辱，苟且偷生，期望有回归大宋的一日。

赵构即帝位后，遥尊韦氏为宣和皇后；封韦氏的父亲韦安道为郡王，另授韦氏家属官三十人，并遣使问讯不绝。

十年后的绍兴七年（1137），企盼着南归的宋徽宗赵佶和郑皇后已经去世。宋使何苏出使金国，回宋后将这不幸的消息告知高宗，高宗痛哭失声，悲恸不已。他马上想到了生他、养他的母亲韦氏，不免肝肠寸断、撕心裂肺。十年生死两茫茫，不思量，自难忘。何况他的母亲以皇妃、太后的身份被掳掠到敌国，哪还会有舒服的日子？

宋高宗虽然只想偏安江南，不思报仇雪恨，但他却时常牵挂母亲，因此他要不惜江山社稷，换回自己的母亲。

高宗于是终日颦蹙顿足，喃喃自语："如果金人答应我的要求，让母亲南归，我什么条件都可以答应！"宋使频繁交涉，最后，宋使王伦带回消息，说金人同意让韦氏南归，但必须答应四个条件：对金奉表称臣；每年进贡银二十五万两，绢二十五万匹；割唐、邓、商、秦四州；杀抗金大将岳飞。

这四个对南宋人民和宗室来说都极其屈辱的条件，高宗竟痛快答应了，以此换回了宋徽宗、郑皇后，赵构的发妻邢氏的遗体和他的母亲韦氏。

绍兴十二年（1142）四月，韦氏在流落北漠达十五年后，随同三具棺材，一同南归。她们在金使高居安、完颜宗贤的扈从下，经燕山自东平舟行，然后由清河直达楚州，渡过淮水。高宗命参政王次翁为奉迎使，会同韦太后的弟弟安乐郡王韦渊、秦鲁国大长公主、吴国长公主恭迎于淮水大道。八月二十一日，宋高宗亲自移驾临平山奉迎，普安郡王、宰相大臣、两省、二衙管军等侍从。

宋高宗再一次看到自己母亲的时候，再也压抑不住内心的情感，两人抱头悲泣。韦氏在漠北，知道一些韩世忠、岳飞抗金大捷的事迹。母子相见以后，韦氏立即提出召见大将韩世忠，好生慰问；后来又问为什么没见到"大小眼将军"，得知这位身患眼疾的名将岳飞已被高宗为了议和处决后，怒斥高宗，甚至一度要出家。高宗只能伏地请罪，韦氏方才作罢。

到达临安后，韦氏迎入后廷，住慈宁宫，又开始了锦衣玉食的生活。中外辍乐的诏书至此弛禁，天下同乐。高宗陪同母亲进谒家庙，韦氏家族迁官达两千人。

韦氏是值得尊敬的。她被俘于敌国十五年，不卑不亢，始终保持着一个泱泱大国贤妃和太后的自尊。当金人同意宋徽宗棺椁返宋时，韦氏怕金人反悔，立即招呼侍役，准备启程。当时正值北漠盛暑，金人不大乐意。韦氏怕又生变故，便于途中假称有疾，请求待凉爽一点儿再行。同时，韦氏答应给金使黄金三千两，用于犒赏众人。于是，途中诸事顺遂。

宋高宗在临平山迎回了母亲，做了一位孝子，却成了民族的罪人。他的自私自利成为南宋偏安一隅的重要原因，也成为历史永远的遗憾。临平山，默默地见证了这一场历史性的"迎来"。

三

南宋的"君"也许缺乏进取精神，"臣"却英雄辈出，他们受命于危难之际，在临平山留下了不少可歌可泣的故事。韩世忠就是其中的杰出代表。

韩世忠（1089—1151），字良臣，绥德军（今陕西省绥德县）人，南宋名将。在著名的黄天荡之战中，他差点生擒金军名将完颜宗弼（金兀术）。事实上在此之前，他已经挽狂澜于既倒了一次。

宋高宗赵构即位后，宠幸宣政使、金州观察使、入内侍省押班康履等宦官，他们骄奢作乱，引起许多人的不满。向德军节度使王渊与宦官勾结，得以步步高升。在当上御营使司都统制及签书枢密院事后，他放肆地聚敛钱财，搜刮民脂民膏。

建炎三年（1129）二月金兵进攻时，王渊慌忙建议已至镇江的高宗逃到杭州，他本人负责断后，却把战船拿来运送自己的财宝，致使数万宋兵及战马失陷敌营。

王渊的过错本应受到严厉处罚，但因他交结宦官，高宗只免了他枢密使的职位，没有作其他严厉的处分，这激起许多军官及士大夫的不满。扈从统制、武功大夫、鼎州团练使苗傅自负其家族功劳很大，不满王渊扶摇直上；武功大夫、威州刺史刘正彦虽是王渊提拔的，却也不满王渊征召他的士兵。两人都不满王渊和宦官的作威作福，便在军中散播不满的情绪，得到了很多人的响应。苗傅与幕僚中大夫王世修及王钧甫、张逵、马柔吉率领的"赤心军"议定，先杀了王渊，再除去宦官。

于是，苗傅和刘正彦在城北桥下埋伏兵士，等王渊退朝时，将其拖下马杀死，随后大肆捕杀宦官，并挂着王渊的首级，率军进围皇宫，兵临城下，要求宋高宗诛杀全部宦官，这便是"苗刘兵变"。宋高宗询问身边近臣的意见，主管浙西安抚司机宜文字时希孟说："灾祸是由宦官造成的，若不把宦官全杀了，就无法平息这场叛乱！"

宋高宗下不了手，军器监叶宗谔说："陛下何必在意区区一个康履？"

高宗只好用竹篮将宦官康履垂吊下城交给叛军，他马上被叛军腰斩。苗傅、刘正彦又在城下喊道："陛下的帝位来路不正，以后如果钦宗归来，将何以自处？"逼迫高宗退位。

高宗知道事已无法挽回，只好同意禅让君位。

几天后，驻防江宁的吕颐浩得到都城发生兵变的消息，当即决定讨伐。他一方面派遣使者回杭州安抚叛军，一方面写信通知大将张浚兵变的消息。张浚当即在平江（今江苏苏州）起兵，同时派冯轓到杭州劝苗、刘让高宗复位，以迷惑叛军。他又派遣从杭州逃出来的保义郎甄援到韩世忠和刘光世军中宣传起兵的消息。韩世忠不久就率兵到达平江，听候张浚调遣。

张浚得到他的部属统领官安义要断吴江桥反叛的密报，派韩世忠率部进至秀州（今浙江嘉兴）阻止。苗傅得到消息后，打算扣押韩世忠的妻子梁氏及儿子为人质。宰相朱胜非说，只要派这两人到平江安抚韩世忠，事情就可解决，苗傅竟答应了他的建议，朱胜非不禁暗喜苗傅的愚蠢。两人到达平江后，韩世忠再无后顾之忧，随即传檄天下勤王，从平江大举出发声讨苗、刘。

四月初，韩世忠、张浚等进抵临平。此时的苗、刘叛军精锐苗翊、马柔吉部已经据守临平山，占领制高点，沿山布防，并封锁当时作为大运河尾段的上塘河，防止韩世忠沿运河水路西上。他们还在河水中植木为鹿角，以堵塞行舟。见此情景，韩世忠弃舟登岸，自率精锐力战向前，张俊、刘光世二员大将紧随其后，一举挫败了敌军前锋。

大军来到临平山下，韩世忠对手下将士说："今日各以死报国，若面不带几箭者，必斩之！"

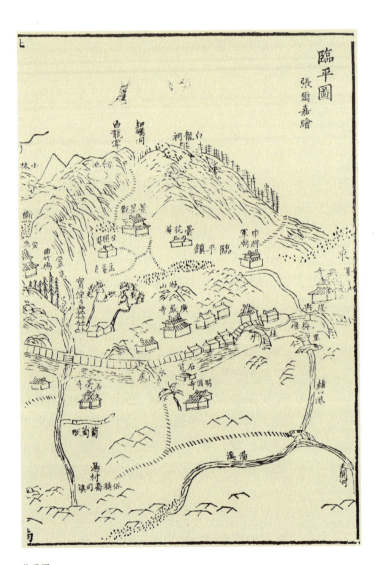

临平图

士卒闻听，个个奋勇力战，向山上冲锋。苗翊见韩军来势甚猛，便挑选精壮箭手列阵，企图集中弓箭，射阻韩军。韩世忠身先士卒，挺刃突入其阵，然后手起刀落，东砍西杀。敌弓箭手们来不及发射，便被韩世忠军队劈刺在地，叛军大败，韩军终于攻下临平山。临平山既克，临平的叛军顿作鸟兽散。在临安如坐针毡的苗傅、刘正彦等，听说临平失守，急忙带领二千精兵出城奔逃。

韩世忠进入临安后，复高宗帝位，然后自请追击苗、刘，两人后来都被韩世忠擒获，处以极刑，这次南宋开国以来的最大危机得以终结，韩世忠几乎以一己之力挽救了南宋社稷。"临平破阵"成为他一生的高光时刻。

时光流转，岁月沧桑。千百年来，葱茏的青山迎来送往，见证了世事的变迁、朝代的兴替。虽然临平山上的旧迹多已不存，但是今天的我们仍然能够通过那石碑上记载的一个个故事和一行行诗句，体味出一腔民族的情怀，一样民族的传统，一种民族的精神，并将它们永远地传承下去。

参考文献

1. 〔宋〕苏轼著，邹同庆、王宗堂校注：《苏轼词编年校注》，中华书局，2016年。

2. 〔元〕脱脱等：《宋史》，中华书局，1985年。

3. 〔清〕毕沅：《续资治通鉴》，中华书局，1999年。

十里梅花香雪海：超山

　　伫立皋亭山顶向北眺望，水网交织的塘栖平原之上，一座孤峰拔地而起，"兀立于平畴水乡之中，超然于桑陌湖网之间"。雄奇险峻的天目山自西而来，连绵至此终到尽头，再往东就是杭嘉湖平原和东海大陆架，不复有山了。这座凸起的孤峰，超然于皋亭山脉之外，因而有了一个似乎与其仅 265 米的海拔不太相符的名字——超山。

　　在从杭州东去之人眼中，超山是他们最后见到的一座山峰。而在东来之人的眼中，超山却又是他们最初见到的山丘。多少年来，它就默默地伫立在那里，注视着一幕幕的迎来送往。正如郁达夫所写："舟入塘栖，两岸就看得到山影，到这里，自杭州去他处的人，渐有离乡去国之感。自外埠到杭州来的人，方看得山明水秀的一个外廊。因而塘栖和超山、径山等处，便成了一般游人对杭州的记忆中心。"

一

　　从超山山脚至山巅的超峰，需要盘旋拾级 1300 级石阶，沿途经过"十八道香蕉弯"，途中有"洗心泉"、"云岩奇泉"、摩崖石刻"虎岩"等景点。一路上行，来到位于山腰的中升殿，只见茂林修竹中，梅树星星点点，朵朵白云飘忽山间。身临其境，如入仙地，有超凡入圣之感。

爬到山顶超峰，处处奇岩盘踞，怪石耸立，千姿百态。上圣殿玉喜寺外的石坎上，有近代书法家张宗祥所书"超峰"两个大字，又令人耳目一新。在山顶远眺，可以望见壮阔的钱塘江。俯瞰四野，又可见脚下的塘栖镇。河网交错，村舍棋布，田畴无际，一派江南水乡田园风光，令人心旷神怡。

这自然与人文交汇的胜景，不禁让人想起晚清著名国学大师俞樾访游超山时所写的《舟过唐西观梅于超山饭于报福寺留题香雪楼》一诗："邓尉寻春未有缘，偶来此地一流连。山中初茁猫头笋，湖上轻摇燕尾船。佛石尚留唐代墨，仙梅犹逞宋时妍。何当更蹑超山顶，海色江声在舃前。"

眺望超山

超山南麓有一座海云洞，民间流传，说到了超峰而不到海云洞就不算到过超山。洞里环境幽静，内有摩崖石刻。吴昌硕《海云洞晚眺》一诗镌刻于洞正中石壁上，诗云："海云吁洞中，云叠海重重。气象汤洪水，尘缘了暮钟。秋空猿寄啸，苔老底迷踪。指点西泠道，残阳挂两峰。"洞西侧的山岩书有"海云洞"三字，系北宋时杭州知州赵抃所书。

超山之"超"，不仅体现在这独特的地形和秀美的山色上，也体现在那闻名遐迩的梅花胜景上。超山汇集了30多个品种的梅花，每当冬末春初，梅花绽放，方圆十里遥天映白，如同飞雪漫空，故有"十里梅花香雪海"之美誉，成为与苏州邓尉山、无锡梅园齐名的三大赏梅胜地之一。

超山是什么时候开始有梅花的呢？南宋何熹之《重修福臻寺并增建钟鼓二楼记》中记载，福臻寺"左有玉梅交径，不减林氏孤屿；右有银杏参天，犹抱晋时老干"。据此，人们多把超山植梅追溯到五代后晋时期。这样算来，超山梅景至今已有一千多年的历史了。从此以后，无数游人和文人墨客在此驻足流连，留下了众多佳话，也给这座山丘注入了独特的文化内涵。

二

元至元二十二年（1285），位于会稽（今浙江绍兴）的宋六陵。一队元军在江南释教都总统杨琏真加的率领下闯入这里。知道来者不善的守陵使罗铣竭力阻拦，不想队伍中的恶僧允泽却拔刀相向。罗铣只得痛哭失声，无奈离去。

随后，这队元军挖开了宋理宗的陵墓。宋理宗的尸体依旧保存完好，陪葬的金玉、珍珠等宝物发出耀眼的光芒。红了眼的元军洗劫了墓里的财宝，并丧心病狂地将宋理宗的尸体倒挂起来，沥出体内用于防腐的水银，又将嘴里含着的宝珠撬了出来。接着，他们将其他五座帝陵挖开，掠夺一空后，南宋的六位皇帝就如敝屣一般被弃置荒野。

据《元史》记载，杨琏真加这一队歹人疯狂盗掘陵墓一百一十座，得到"金一千七百两、银六千八百两、玉带九、玉器大小百一十有一、杂宝贝百五十有二、大珠五十两、钞一十一万六千二百锭"。这是一次空前惨烈的盗掘。也许在元人眼中，南宋王朝已经成了过去时，再也无人敢于反抗他们的暴行。

这时，一个本地人站了出来，他叫唐珏。唐珏出生于南宋淳祐七年（1247），少孤，以教授乡里子弟为生。听闻这样的惨事，唐珏悲愤不已，他变卖家产，获得百金，并在集市上烹羊宰猪，置酒于案，招募乡里少年。这些少年喝到酩酊大醉之际，问道："唐先生，您招募我们是要去做什么啊？"

唐珏将收瘗六帝遗骸之事告诉了他们，众人欣然应允。其中一人又说道："帝陵有中郎将把守，虎视眈眈，如果事情暴露，怎么办？"

唐珏道："我们筹划得很成熟了。现在四周郊外有许多露于野地的尸骨，我们拿来和六帝的尸骨调换一下，又有谁会知道呢？"于是拿出事先备好的木匣，上面覆盖着黄色丝绢，署上皇帝和陵墓的名字，各人分头潜入陵山之中，将诸帝遗骸分别收集起来，埋在绍兴天章寺前，并种上冬青树作为标记。

后来，唐珏流寓至塘栖。因为他的义举，所以乡人极为推重之，称他的住地为"唐栖"。后来不知何时，人们在"唐"字边加了一个"土"旁，才成为今名。而唐珏在宅中所手植的梅树，也被称为"唐梅"。

因超山距塘栖不远，又是唐珏常游之地，于是人们把唐珏所种的梅树从塘栖镇移植到超山。我们今天在超山大明堂所看到的"唐梅"，便是如此来的。不过也有人说"唐梅"是唐朝时候所种植的梅树，可惜目前尚未能找到相关史料作证，因此仅备一说吧。不过，这株梅树明显比堂内其他梅树显得苍老，枝条横逸斜出，仿佛凌风而立，确是不凡。

超山大明堂前，还有一株梅树身已半枯中空，呈半片树皮状，病恹恹地斜歪在一铁栏杆内，靠着一块条石将其支撑着，恰似一位风烛残年的老人。但春天竟还有蓓蕾发出，如同枯木逢春，令人不胜感慨。这便是超山的另一株古梅——"宋梅"。"宋梅"对面，大明堂的围墙外南侧，有一座亭子，四根石柱擎着飞檐四角攒尖顶，覆盖着黑瓦。上面有着一幅匾额——宋梅亭。

1923年正月的一天，吴兴（今浙江湖州）商人周庆云应书画家姚虞琴之约，与王绶珊等一众好友来到超山探梅。在昔日的香雪楼前，他们见到了这株"宋梅"。此时一阵风吹来，暗香浮动，沁人心脾。众人不禁徘徊在梅树下，逸兴遄飞，兴起慕古之思。于是他们相约在这株老梅旁建造一座亭子，以纪念这次游历，彰显雅韵。身为商人的周庆云当仁不让，成为主要的投资者。

不久之后，亭子建成了，便以"宋梅"为其命名。书画大家吴昌硕绘"宋梅"小影，并勒石记之。姚虞琴、周庆云、王绶珊等都分别作楹联镌刻于石柱之上。周庆云联云："与孤屿萼绿花同联眷属；剩越山冬青树共阅兴亡。"这里所说的就是上文讲到的唐珏故事。吴昌硕楹联以石鼓文写就，其语为："鸣鹤忽来耕正香雪留春玉妃舞夜；潜在何处去有萝蔓挂月石虎啸秋。"一语写尽超山梅花的精气神。

"唐梅"与"宋梅"一道，成为超山最古的梅树，为超山梅花增添了"古"的特色。

三

在大明堂往西的绿树丛中，矗立着一座白色的吴昌硕先生立像。他站在高高的台座上，双目炯炯有神地凝望着前方的梅林，仿佛正构思着一幅新的画作。塑像背后，可以见到一座墓园。墓高两米多，呈圆形拱顶，前方墓碑有诸乐三先生所书"安吉吴昌硕先生之墓"。墓基左侧亭内立有一石碑，上有章太炎所书"安吉吴昌硕先生墓表"九个篆字。这里便是著名国画家、书法家、篆刻家，"后海派"代表，杭州西泠印社首任社长吴昌硕先生的安眠之地。

吴昌硕酷爱梅花，生前植梅数十株，写梅、画梅、题梅作品不下数百件。几乎每年年初，他都要来到超山探梅。1923年惊蛰前后，他来到超山，见到了我们上文所说的"宋梅"。因为十分喜爱这株梅花，他写下一首著名的咏梅诗：

> 十年不到香雪海，梅花忆我我忆梅。
> 何时买棹冒雪去，便向花前倾一杯。

吴昌硕屡次踏足超山，还留下了一个"送礼"的传说。说是有一年的初春，吴昌硕和往常一样独自一人雇了一

超山梅园

只小船，从塘栖镇走水路前往超山赏梅。船到超山，吴昌硕刚上得岸来，忽见一名男子坐在河埠头，正"呜呜呜"地哭得伤心。吴昌硕不由觉得奇怪，随即上前询问缘由。

中年男子见吴昌硕和蔼可亲，便止住哭泣，一五一十地向他诉说起来。原来，他名叫邵阿六，是超山脚下柴家坞人。这天是邵阿六岳父七十岁的寿辰，岳父在家中大摆宴席，遍邀亲朋好友前去吃酒。邵阿六身为女婿，理应前去为岳父祝寿，却因家境贫寒，拿不出像样的寿礼。

无奈之下，邵阿六只得从娘舅家中借了些钱，买了五斤肉前去祝寿。可谁想，当他拎着肉走到河埠头时，身后突然蹿出来一只野狗，不由分说就将肉叼走了。这下如何是好，没有寿礼如何去向岳父祝寿呢？邵阿六走投无路，不禁在河埠头痛哭起来。

听到这里，吴昌硕不由得动了恻隐之心。他走上前去，拍了拍邵阿六的肩膀，说道："阿六，你不要哭了。寿礼的事情嘛，小事一桩，一切包在老夫身上。你在这里稍等片刻，我去船上转转便来。"说罢，吴昌硕重新回到船上，找来一张宣纸，提笔蘸满墨汁，"唰唰唰"几下就在纸上画了几根熊熊燃烧的木头。

画完之后，吴昌硕上岸将它交给邵阿六，说道："阿六，你就把这幅画作为寿礼送给你的岳父，我保证他一定会非常满意的。"

邵阿六将信将疑地接过画，打开端详了半天，也没看出其中有什么名堂。他并不知道吴昌硕是何许人也，只觉得画上的火光十分逼真，想来应该是个好东西。于是他当即拜谢了吴昌硕，擦干眼泪，拿起画卷就往岳父家奔去。

邵阿六的岳父是超山旁太山街上的一名乡绅。等到邵阿六匆匆赶到时，寿宴早已开席了。他岳父见女婿姗姗来迟，心中已是不悦，又见他手中只有一个画卷，看着也不像什么像样的寿礼，真是气不打一处来。他心想："这个穷光蛋能拿得出什么好画来。"于是看也不看就将画卷扔到了厨房的一角，又吩咐邵阿六坐在厨师们的下座。

寿宴上高朋满座，好不热闹。正当大家推杯换盏、酒酣耳热之际，猛然间厨房角落里火光冲天，宾客们见状，不由得惊慌失措，乱作一团。邵阿六的岳父急得大喊："快救火啊，快救火啊！"仆人们听到喊声，急忙从水缸里拎来几桶水，"哗"的一下朝火光处泼去，只听"呲"的一声，火焰熄灭了，人们这才松了一口气。可定睛一看，却目瞪口呆，厨房并没有失火，那湿淋淋的地面上只有那卷湿漉漉的画。

邵阿六见状，心痛不已，连声大呼："这可是我好不容易才搞到手的寿礼呀，现在被你们浇湿了，叫我怎么办呀？"说完，他上前捡起画卷，小心翼翼地将那幅湿了的画卷展开来。这一展不要紧，大家全都傻了眼，只见那幅画上只剩下几截黑乎乎的木炭，还冒着水汽。

邵阿六的岳父吃惊不已："这可是一幅宝画呀，我真是有眼无珠啊……"从此之后，邵阿六的岳父对他态度大变，不再嫌弃来嫌弃去了。邵阿六时常想起吴昌硕，不时会去河埠头看看，可终究没有再见到他。

1927 年的春天，八十四岁高龄的吴昌硕最后一次游历超山。在那株宋梅前，他驻足再三，若有所思。不久，他对儿子吴东迈说："我死以后，你们就把我葬在此地吧！这里梅花多，我很喜欢，离老家安吉也近。"

也许是冥冥中注定，就在这年的 11 月 29 日，一代大师突发中风，逝世于上海。按其生前遗嘱，他被安葬于这一片梅花丛中。三十四年后，他的友人——身为余杭人的著名画家姚虞琴——也归葬于此。两人生前都喜爱梅花，约定死后同葬超山。于是吴昌硕葬在山北，而姚虞琴葬在山南。二人共眠梅花丛中，成为一段佳话。

"江南无所有，聊赠一枝春。"自古以来，梅花为历代文人所歌颂，并逐渐成为中华民族传统文化中的重要意象和中华民族品格的象征。超山因梅而兴，以梅而著，就如同傲立霜雪的梅花一般，有着自己超凡脱俗的气韵。如今，梅花与寺院、古迹一起，成就了超山集梅文化、金石文化、宗教文化于一体的人文景观，使其成为令人向往的自然与精神家园。

参考文献

1.〔清〕陆心源：《宋史翼》，中华书局，1991年。

2.〔明〕宋濂等：《元史》，中华书局，1976年。

3.王庆：《超山史话》，浙江摄影出版社，2015年。

愿为弟子长参禅：径山

　　从老余杭一路向西北，一座山脉山色浓密，雾气氤
氲，山行道路极为险峻。因为这座山是天目山脉的西北
峰，径直通向天目山，故名径山。径山凌霄峰、鹏搏峰、
朝阳峰、大人峰、晏坐峰等五峰屏立，以凌霄峰为最高，
海拔 769.2 米。山顶古树参天，古柏苍松，柳杉银杏，
蔽天翳日。五峰之前还有御爱峰，在此可仰望峻峭群峰，
俯瞰江河湖湾。宋高宗赵构曾于此流连忘返，故名"御
爱峰"。

　　从山脚盘桓而上，抵达山顶，五峰环抱之中，可以
看到有一座国内少有的宋代风格建筑，它就是径山寺。
早在唐代时，它就已经是官方修建的寺庙。到南宋时，
更成为江南"五山十刹"之首。

一

　　唐天宝元年（742），一名叫作法钦的僧人来到径山
修行。法钦俗姓朱，吴郡昆山（今江苏昆山市）人。三年前，
他跟随牛头宗大师鹤林玄素学习佛法。如今，他告别师父，
外出云游。临行前，师父玄素曾送给他一句话："乘流而
行，遇径即止。"

山色氤氲

　　于是，法钦沿着京杭大运河乘流而行，进入余杭，来到径山。径山正对上了师父的话，法钦便在山上搭建茅屋，宣扬佛法。

　　一天，法钦坐在北峰石屏下，有白衣儒生拜见他，自称是天目山的山人，愿拜法钦为师。法钦试其法力，山人大喝一声，石屏裂为三片，就是今天的喝石岩。法钦于是收其为徒，赐名惠崇。掌管径山的龙神知道法钦潜心修佛，为试验他的坚心，化作漂亮的女子前来做伴，说是替法师寒窗暖足。

　　法钦正色道："革囊众秽，尔来何为？去，吾不用。"

　　龙神因此愈加敬重他。

这一天，龙神化身一白衣老叟，引他至宴座峰，说道："我是径山的龙神，见你每日修行，甚是虔诚，所以我想将这座山交给你掌管，你可在山北峰朝阳处建造寺庙。"

话音刚落，风雨大作，白衣老叟化为一条龙，腾空而起，俯穿入洼地中。雨停后，洼地涨起，成为平坦的陆地，龙消失的地方出现了一口深穴，穴中泉水涌出。法钦非常高兴，于是就在龙神指点的地方开山建寺。

这件事被百姓越传越神，山下百姓纷纷上山进香，寺庙也日益兴旺。后来，这件事传至京城为宫廷所闻，唐代宗李豫召法钦进京，赐号"国一禅师"，并拨款建寺，寺称"真庵"。由此开创了径山寺由民间寺庙走向官方举办的历史。

贞元八年（792），法钦圆寂。后来成为宰相的李吉甫以弟子之礼为法钦禅师撰写了《杭州径山寺大觉禅师碑铭》。

五代时期，吴越国王崇尚佛法，大兴佛教，八十余年间，径山极受推崇，径山寺声名大振，成为东南著名禅院。

北宋大中祥符六年（1013），径山寺改称"镇国院"，政和七年（1117）改称"径山能仁禅寺"。径山寺原属佛教的"牛头派"，南宋建炎四年（1130）兴"临济宗"，其后道誉日隆，香火鼎盛，规模极为宏大，有寺僧1700余众，寺庙建筑1000多间，为全国著名古刹之一。南宋孝宗赵昚曾御笔亲书"径山兴圣万寿禅寺"。

南宋嘉定年间（1208—1224），万寿禅寺被列为禅宗东南"五山十刹"之首，居灵隐、净慈、天童、阿育王等江南名寺之前，由此名扬四海，成为"东南第一禅院"。海内外佛徒奉径山寺为"临济宗"祖庭，历代帝王显贵、诗人墨客、求法僧人纷至沓来。

二

这些文人墨客中描摹径山最多的便是两度任职杭州的苏轼。人们都熟知他在治理杭州西湖时留下的功绩和故事，却很少知道他曾三上径山，留下诸多诗歌与故事。

苏轼第一次登上径山是在北宋熙宁五年（1072）八月，他到杭州任通判的第二年。三十七岁的他初到径山，写下了气势磅礴的《游径山》一诗。次年八月，他二上径山，写下《径山道中次韵答周长官兼赠苏寺丞》和《汪覃秀才久留山中以诗见寄次其韵》等诗。其后，他调离杭州，去密州、徐州、湖州任知府，又谪居黄州。元丰二年（1079），他在湖州任上，写了《次韵答开祖》《送渊师归径山》等诗。他在临终之时，还写过一首《答径山维琳长老》。据统计，苏轼直接写到径山的诗歌达到十二首之多。

在这些诗词中，苏轼以丰富的想象力和美妙绝伦的诗句，吟诵了径山秀丽的风景。他曾深情高歌："众峰来自天目山，势若骏马奔平川。中途勒破千里足，金鞭玉镫相回旋。"他伫立于径山之巅，眺望天目山连绵不断的山势，像一群野马自西向东奔来，景象十分雄伟。他又曾低吟浅唱："溪南渡横木，山寺称小径。幽寻自兹始，归路微月映。"

苏轼在径山诗中又毫无遮掩地流露了他对世事的愤慨和对世外桃源的向往。因为他来杭州之前，刚经历了一场政治风暴。在《再游径山》一诗中，他叹道："嗟我昏顽晚闻道，与世龃龉空多学。灵水先除眼界花，清诗为洗心源浊。"他说，可叹我认识佛道太晚了，与世俗不合，学的东西又有何用？还是用龙井水医治自己的病眼，用清新的诗篇洗去我心头的污浊吧。在这些诗中，他看到朝廷中刻毒褊狭的人是那样多，要做事是那样难，渴望躲进深山得到片刻的安静。

苏轼为弘扬径山佛事做了大量工作，最突出的是建立十方制。过去径山的住持是一代代自传的，也就是从本寺僧侣中选择继承人。从唐天宝四载（745）法钦禅师开山之后，三百年间有记载的传灯七代。苏轼分析了自传制的许多缺陷，认为住持继承者局限在本寺范围，素质很难提高。为此，他力主破除陋习，大胆进行革新，明确可以由官方委派高僧主持法席，称作十方制。照现在的话来说，这实际上是引进了竞争机制。此后，各方高僧闻讯而来，通过辩禅论道确立住持地位，使径山寺宗风大振，誉播江南。

苏轼与径山几代住持关系密切，互有唱和。特别是径山第七代住持维琳，他们的友谊前后持续了四十年。维琳（1036—1117），号无畏，亦称无畏大士。俗姓沈，浙江德清武康人，是南朝梁武帝的大臣沈约之后。他自幼好学，能诗善辩，胆略过人。

熙宁五年（1072），苏轼知悉维琳的大名，介绍他去径山主持工作。当时，径山寺的住持大明禅师自恃资深能干，对维琳不服。双方一见面就辩论起来。

大明禅师问："唱谁家曲？宗风嗣阿谁？"

维琳答道："不在燃灯前，亦非释迦后。"

经过一番舌战，大明哑口无言，于是离寺而去。维琳住持径山寺后，修缮佛殿，整理经藏，集徒传教，开堂说法，在十年间使径山寺的名声更加远播四方。

从径山宋孝宗的御碑向东而行，就可以到达东坡洗砚池。此地掩藏于翠竹之中，传说是苏轼在径山写字时洗笔砚的地方。有一次，住持维琳请他题词，他才写了两句，突然有山鸡飞来，连呼："苦苦苦！"苏轼听了，触动心中隐痛，掷笔过去，那墨水飞溅竹上，留下一道道水线，后来越长越多，成了一片有金黄线纹的竹，于是被称为"金线竹"。

后来，苏轼因为常在池中洗笔砚，将一池的水洗脏了。他很过意不去，想放养螺蛳澄清池水。他见农妇捧着一碗已剪去尾巴的螺蛳准备去煮，忙买下放入池中，说也奇怪，池水竟然立刻变清了。从此，"径山无尾螺"传播开来。

元符三年（1100），宋徽宗赵佶即位，六十五岁的苏轼带着衰弱的病体结束了儋州的流放生活，奉诏北归。他途经毗陵（今江苏常州）时病倒了，到第二年元月，终于病重不起。这时，维琳禅师闻讯赶到毗陵来探望苏轼。

维琳写了一首诗赠苏轼："扁舟驾兰隆，自援旧风日。君家有天人，雄雄维摩诘。我口吞文殊，千里来问疾。若以默相酬，露柱皆笑出。"意思是说，我乘一叶扁舟从兰陵而来，我看你依旧是当年的光景，神清气爽，思维敏捷。我相信你吉人自有天相，你的滔滔雄辩，恐怕连高僧鸠摩罗什也难以回答。我口里念着佛经，千里迢迢，来探望你的病况。如今，你对佛学有这样精深的研究，我担心回答不了你的问题，一定会让你笑掉大牙的。

径山溪涧泉

　　维琳的关切之情，使苏轼很感动，他自知将不久于
人世，想了一想，步维琳的诗韵，也念了一首诗作答：
"与君皆丙子，各已三万日。一日一千偈，电往那容诘。
大患缘有身，无身则无疾。平生笑罗什，神咒真浪出。"
这是说，我与你是同岁，都是丙子年出生的，已经活了
三万日。你知道，晋代高僧鸠摩罗什每天诵一千偈语，
每偈三十二字，那么三万日仅仅三千万句偈。我们的一
生几十年时间，不也就电光石火一般转瞬即逝吗？哪里
还容得去回忆过去呢？我想到了老子的话："吾所以有
大患者，为吾有身。及吾无身，吾有何患？"我对疾病
和生命都已经参透玄关，没有一丝忧愁和挂虑了。我想
起鸠摩罗什这样的高僧，临死的时候还免不了昏弱，他
四肢麻痹、口齿不清的那些天，还要念什么神咒企图延

长自己的生命，这不是徒费唇舌吗？苏轼在临终的遗言中依然表现出如同他诗文一样的乐观超脱精神，且含有很深的禅意。

三

"天子未尝阳羡茶，百草不敢先开花。不如双径回清绝，天然味色留烟霞。"这是清朝金虞所写的《径山采茶歌》。径山香茗，自古以来与山齐名。

径山产茶，始于唐代。据清代《余杭县志》载："径山寺僧采谷雨茗，用小缶贮之以馈人，开山祖法钦师曾植茶树数株，采以供佛，逾年蔓延山谷，其味鲜芳特异，即今径山茶是也。"

自古以来，饮茶与参禅密切相关。相传禅宗初祖达摩面壁修炼了九年，有一次竟沉睡了。他醒后十分后悔，割下眼睑扔在地上，却长成一株茶树。达摩摘取茶叶以热水冲饮后，消除了睡意，完成了面壁十年，修成正果，创立禅宗。此后，佛徒打坐入定、诵经念佛之时，饮茶以解渴提神，渐成佛门风尚。大凡名山古刹之僧人，都劈山植茶以供饮用。

茶圣陆羽也曾隐居至此，在径山植茶、制茶、研茶，并在这里留下传世名作《茶经》。陆羽（733—804），字鸿渐，复州竟陵（今湖北天门）人。他闭门著书，不屑为官，以嗜茶著名，对茶道有精深研究，当时就被视为"茶神"。他所写的《茶经》是世界上现存最早、最完整、最全面介绍茶的一部专著。

唐肃宗上元年间（760—761），陆羽来到余杭。他见径山四岭溪水淙淙，清澈见底，山明水秀，是植茶佳地，于是就地采摘野生茶籽，教村叟播种，并在山下溪畔一泓清泉边，结庐住下，每日烹茶著书。

陆羽在径山汲泉烹茶的泉水，后人称之为"陆羽泉"。陆羽泉位于径山镇双溪村，现已成了这里的一大自然文化景观。

当时，径山寺盛行研讨佛经，禅师高僧围坐讨论时，常烹煮径山茶，边品饮边谈论，称为"茶宴"。

"径山茶宴"成为僧人日常修禅悟道的方式之一。南宋时，慕名来径山寺求法的日本僧人络绎不绝，"径山茶宴"对日本茶道的礼法产生了深远的影响。

据日本史料记载，南宋端平二年（1235），日本僧人圆尔辨圆上径山，师从无准师范，其后带回《禅苑清规》一书以及茶种和碾茶方法，创立了日本京都东福寺。南宋开庆元年（1259），又有日本僧人南浦绍明至杭州净慈寺谒虚堂智愚，后随虚堂智愚至径山寺修禅，同时学习种茶、制茶技术及径山茶宴仪轨。南浦绍明学成归国时把径山茶籽带回日本，种植在故乡静冈县，并按径山茶的制法生产出高档的日本抹茶，其被称为"本山茶"。

南宋开庆元年（1259），日本佛教高僧大应禅师来径山寺研究佛学，修业数年，于景定四年（1263）回国时，带去径山寺的"茶道具""茶台子"，传播径山寺之"点茶法"，与"径山茶宴"一起促进了日本茶道的兴起。

因此，径山寺不仅在中国禅宗史上占有重要的地位，也被日本奉为佛教圣地、茶道祖庭。径山茶因径山寺的名望而逐渐享誉海外。

元至元十二年（1275）、至元二十六年（1289），径山寺两次被焚毁，后经四十三代住持云峰妙高分别于至元十七年（1280）、至元二十九年（1292）募化重建。

明朝末年，被誉为明末四大高僧之一的紫柏大师，倡印大藏经，以禅教互融重光祖印。刊刻历时两百年，字数达一亿的《径山藏》，成了中国佛教史上的皇皇巨著。

如今，径山寺的原貌已经模糊，呈现在世人眼前的是后来重建的模样，气势恢宏，庄严肃穆，依稀可见当年的兴盛。

禅与茶，本是两种文化，却在径山这片钟灵毓秀的土地上有机地融合在一起，最终融合成独一无二的人文特色——"茶禅一味"。这是人们对传统文化的传承，也是人们对心灵清雅的追求，岁月流转，云淡风轻。

参考文献

1. 〔宋〕普济：《五灯会元》，中华书局，1984年。

2. 〔南朝梁〕慧皎等：《高僧传合集》，上海古籍出版社，2011年。

3. 〔宋〕欧阳修、宋祁：《新唐书》，中华书局，1975年。

4. 陈小法、江静：《径山文化与中日交流》，上海辞书出版社，2009年。

终归大海作波涛：大明山

  从天目山一路向西，来到昌化和淳安的交界处，距离黄山70公里的地方，有一座山脉层峦叠嶂，气势壮观。它海拔800米，气候条件及地质条件与黄山类似，奇松、怪石、云海、峰林层出不穷，被称为"浙江小黄山"，这就是大明山。《昌化县志》载："大明山，县西九十里，其巅广千余亩，如平地。"因此又名"千亩田"。20世纪50年代后期至70年代末，国家开发钨矿，又为这里留下了总长达万米的隧洞，形成了一批人工洞景，造就了"一泓碧湖、十里幽谷、百丈飞瀑、千亩草甸、万米岩洞、群峰啸天、林海无边"的独特风光。

  云海和飞瀑是大明山经常可见的景色，特别是春秋两季：时而滚滚云海翻腾飞跃，将青山吞没；时而座座青峰又隐现于虚无缥缈的云雾之中。夏季的早晨，霁雨初晴，青山滴翠，冉冉升起的红日映照着白絮般的云海，丛丛峰林浮露于滚滚的云海之上，就像散布在大海中的瀛洲仙岛。

  飞瀑主要分布于玉龙溪和白蛇涧，在大明村汇合。玉龙溪水量充沛，水流湍急，于峭壁丛生的峡谷险境中奔腾北流，不仅山明水秀，绿荫葱葱，而且处处可闻响如壑雷的水涛声。玉龙潭的上游自千亩田北龙门口以下，垂直河床骤然增大，一公里流程落差竟达四百多米。溪水劈开万仞石山，飞流直下，形成四级瀑布，以龙门瀑布最为壮观。

大明山气候湿润，植被茂密，山中列入国家级保护的植物就有 35 种。特别是列入国家二级保护的珍稀濒危植物夏蜡梅，尤其耀眼。奇松是黄山一绝，但在大明山亦比比皆是。虽然这些松树未加任何修整，但千姿百态，令人称奇。

一

唐会昌年间（841—846），一名叫作李怡的王爷从遥远的长安来到大明山。因为笃信佛教，他与自己的侄子——发动灭佛运动的唐武宗发生了严重冲突，又因为武宗猜忌他，所以只能东出长安避祸。

徜徉在这美丽的山水之间，李怡冰冷的内心也渐渐有了温度。不久之后，他遇到了从皖南游方来此的临济宗高僧黄檗禅师，二人相见恨晚。李怡时常与黄檗同游，并讨教佛法，对人生有了新的认识。

一天，两人共同观赏山涧飞瀑。面对这浩荡之景，黄檗禅师心生感叹。他转过头，对李怡道："这景色蔚为壮观啊！我咏此得一联诗句，却想不好剩下的两句。"

李怡道："大师不妨说来听听，我当为你接续后两句。"

黄檗微微颔首，面对苍茫的云水吟诵道："千岩万壑不辞劳，远看初知出处高。"

大明山

李怡听罢，略一沉吟，抬起头来，向着下落如霰的瀑布大声说道："溪涧岂能留得住，终归大海作波涛。"

黄檗看着李怡，点了点头。他知道，这位王爷不会久居人下，一个有如此远大志向之人必会得到上天的眷顾。

会昌六年（846），唐武宗被道士上供的长寿丹毒死。李怡回到长安，被宦官拥立为帝，改名为李忱，是为唐宣宗，年号大中。拥立唐宣宗的宦官本以为他愚钝容易控制，岂料他是故作此态，韬光养晦，即位后很快展现出贤明的一面。

当时的唐朝，已是暮气沉沉。朝政腐败，官吏贪污，藩镇割据，宦官专权。唐宣宗致力于改变这种状况，即

位后，很快贬谪了宰相李德裕，结束了漫长的牛李党争。他勤俭治国，体贴百姓，减少赋税，注重人才选拔，唐朝国势小有起色，社会矛盾有所缓和，使晚唐呈现出"中兴"的小康局面，史称"大中之治"。此外，他还趁吐蕃、回纥国势衰微和张议潮的归义军起事反抗吐蕃之际，出兵收复河湟，安定塞北，更一度重夺丢失多年的河西走廊大部（沙、瓜等河西十一州），国威稍振。

司马光在其名著《资治通鉴》中对李忱有着这样的评价："宣宗性明察沉断，用法无私，从谏如流，重惜官赏，恭谨节俭，惠爱民物，故大中之政，讫于唐亡，人思咏之，谓之小太宗。"

宣宗临朝后，敕令拨巨资令工部侍郎王延卿亲临大明山督建慧昭寺，纪念与黄檗禅师的那段青灯古佛的岁月。也许，成为九五之尊的他时时会想起自己隐忍的隐居岁月，想起那座让自己以诗明志的大明山，这段经历不断鞭策着他向成为一名明君努力，实现自己"终归大海作波涛"的理想。

及至宋代，大明山佛事由无畏禅师住持，他与当时的杭州知州苏东坡过从甚密。无畏禅师返回大明山时，苏东坡赠五言长诗《送无畏禅师还大明山》，自此，大明山盛名远播。

二

在大明山的民间传说中，还有一位帝王的发迹与大明山息息相关，他便是朱元璋。出生于安徽凤阳的朱元璋因为家贫，七岁就给财主家放牛，十七岁这年因闹旱灾、蝗灾和瘟疫，他的父母、大哥相继丧命，全家只剩下朱元璋和他二哥，朱元璋被迫到附近的皇觉寺当小和尚。可灾害如此严重，皇觉寺的粮食也发生了困难，五十多天后，朱元璋就被打发出门，成为漂流四方的游方僧。

当时，大明山的千亩田有一定名望，离凤阳又近，朱元璋就沿途化缘乞讨，来到了大明山千亩田慧照寺里，要求做和尚。

刚开始，主管禅师对朱元璋全不了解，且寺里和尚也多，没有立即答应，只是叫他暂时做些打扫佛堂的杂事。朱元璋是个很有心计的人，就想了个办法：一天，他起得特别早，把佛堂打扫得特别干净，老和尚起身一看，内心很是高兴，问他是怎么打扫得如此干净的。

朱元璋说，今天我改变了扫地方法：打扫到哪里就叫哪里的菩萨把脚举起来，待扫好了才把脚放下。当打扫罗汉堂时，那个闭着眼、手撑下巴还在睡觉的罗汉屁股上被我狠狠打了两扫帚，打出了寺门外。等我扫好了才叫他回来，他说腿已被打断，走不动了，是我去背进来的。

老和尚走过去一看，那个睡觉罗汉的泥腿上果然有条大裂缝。消息很快传到主管禅师那里，主管禅师暗自惊叹：这小子竟如此神通广大，绝不是一般人物，遂收朱元璋为和尚。

朱元璋对元朝实行的民族压迫和横征暴敛极为不满，常利用外出化缘的机会，秘密做些宣传、组织反元的事。时间一长，走漏了风声，元朝官员派人追捕朱元璋，也有人上千亩田禀告主管禅师，要寺里对朱元璋严加管教。

一次，主管禅师问朱元璋是怎么在外地化缘的，朱元璋说自己化缘很认真，也很艰苦，有时白天饿肚子，有时晚上睡草地，在此条件下还为自己写了首诗。说着，他吟诵了起来："天为罗帐地为毡，明月星辰伴我眠。夜来不敢直伸脚，为怕山河社稷穿。"这首诗真与唐宣宗李忱当年隐居时的诗句异曲同工！

主管禅师一听，暗想：这小子出口不凡，连山河社稷也能一脚踹穿的，必然是未来的真命天子。自此，寺里的老和尚对朱元璋更放松管教了。

不久后，一个叫刘伯温的人慕名来到大明山，准备去千亩田慧照寺烧香拜佛以卜凶吉，在龙门峡谷前，忽见巨石上仰面睡着一个汉子，头下还垫着一把黑色的雨伞，看上去就像一个"天"字。刘伯温甚感惊异，拍拍汉子的肩膀，谁知此人翻了个身，顺手把雨伞夹在腋下，又弯身呼呼而睡。仔细一看，这模样又活像一个"子"字，刘伯温又是心里一惊，莫非此人就是未来的"天子"不成？忙摇醒他，方知对方叫朱元璋，明里在千亩田慧照寺做和尚，暗里组织群众起兵反元。两人相见恨晚，携手结盟共举大事。因朱元璋常在该巨石上休憩，且石块的形状也颇像一个人的睡姿，故后人称之为"朱眠石"。

　　大明山启明谷还有一块硕大无比的石头，叫作天子印，它像一块自然天成的玉玺。有一次，朱元璋和刘伯温途经这块巨石。朱元璋说："这块石头光秃秃的，这么大，却不能睡觉，有甚鸟用？"

水墨大明山

刘伯温打趣说："你骂自己干吗？石头光秃秃的，你的头不也光秃秃的吗？石头大，定力也大，你看它像不像一枚印章？哪个皇上要是有了它，就可以坐稳江山了。"

朱元璋听了心里一惊，伸出蒲扇般的大手，往这块石头上一拍，说道："行，这块石头就归我了。"

朱元璋称帝后，人们就称这块石头为"天子印"。

由于朱元璋的宣传、串联，各地果然出现了聚众抗元的事。不久，黄、淮流域的农民在刘福通、徐寿辉、张士诚、郭子兴等人的领导下组织红巾军大起义。当朱元璋听到自己的家乡已被郭子兴领导的红巾军攻占时，内心十分高兴，当即离开千亩田回到凤阳投奔郭子兴，并很快得到郭子兴的重用。郭子兴死后，二十八岁的朱元璋做了这支起义军的副帅，不久又成了首领。

当时，由于占据黄、淮流域的其他红巾军对北方元军势力的牵制，在江南的浙江、安徽一带元军的统治力量较为薄弱。朱元璋利用这一有利形势，遣师先后攻下徽州（今安徽黄山）、婺州（今浙江金华）、衢州、处州（今浙江丽水）、宣州（今安徽宣城）等地，并采纳徽州儒生朱升"高筑墙、广积粮、缓称王"的建议，将这一地区连成一片，建立起一个广阔的根据地。

这时，大明山千亩田又成了朱元璋起义军在婺州、徽州、杭州之间的重要通道之一。他利用千亩田易守难攻的天然屏障，屯军养马，以逸待劳。因此，大明山及其附近就成了元军追剿朱元璋的一个重要目标，但元军却屡次失败。

一次，元军以数倍于红巾军的兵力再次追上大明山，红巾军避开主力隐藏于附近各村及四周的崇山峻岭之中，元兵又一次扑空，一怒之下将大明山上的慧照寺付之一炬。自此，赫赫有名的慧照寺就成了一片焦土。但红巾军的实力被保存了下来。

元至正二十八年（1368）正月初四，朱元璋在应天府登基即位，建国号大明，年号洪武，是为明太祖。以应天为南京，开封为北京。同年八月初二，大将徐达攻克大都，元朝覆亡。由于幼年对于元末吏治的痛苦记忆，朱元璋即位后一方面减轻农民负担，恢复社会的经济生产，一方面惩治贪污的官吏，社会经济得到恢复和发展，史称"洪武之治"。明太祖有感于大明山与他打下大明江山休戚相关，于是拨专款在大明山重建了一幢规模更大的慧照寺；并赐"与国同休"的御碑一块，屹立于千亩田慧照寺内。

据说正是因为朱元璋屯军千亩田，招兵买马，生聚训练，养精蓄锐，然后杀下山去，打下大明江山，大明山才由此得名。

三

清咸丰十年（1860）十二月初七，一支从徽州（今安徽黄山）出发的太平天国军队攻陷昌化镇。不久之后，他们中的一部分人在昌化镇西的大明山驻扎下来。这支太平军隶属于赫赫有名的忠王李秀成部。他们为何会于此时出现在这里？故事还要从半年前说起。

这一年的六月二十日，曾国荃率领湘军攻陷太平军防守的枞阳，完成对安庆的合围。安庆是太平天国都城天京（今江苏南京）的门户，如若失守，天京将无险可依，湘军可顺流东下，一举攻占天京。因此，太平天国高层决定全力救援安庆。太平军并不想通过直接进攻围困安庆的湘军达成保卫安庆的目标，而是采取了一个"围魏救赵"的计策。

太平天国后期的两大支柱英王陈玉成和忠王李秀成达成一致，决定由陈玉成沿长江北岸前进，而李秀成在南岸前进，两军呈钳形攻势，最终在第二年的春天同时向武汉三镇发起进攻。同时，其他太平军部队在皖南地区完成对曾国藩及其祁门大本营的包围。这样，将会迫使湘军部队西撤，从而一石二鸟，既解安庆之围，又可对曾国藩来一个"瓮中捉鳖"。

按照计划，这一年的秋天，李秀成由天京直接进入皖南地区，并迅速攻占南陵和黟县。他的堂弟侍王李世贤也在攻占休宁之后，回师浙江，攻克严州（治今浙江建德）。为了确保徽州、建德、淳安至昌化的通道，应对浙、皖两省的军事，这才有了我们故事开头的那一幕。此时，李秀成部的主力已经在风雪中翻越羊栈岭，距离曾国藩的祁门大本营只有六十余里，大惊失色的曾国藩甚至已经写好了遗书。

然而，李秀成并不知道祁门曾国藩部队的虚实，最终放弃进攻，转向江西境内，去接收数十万太平天国新的追随者，可以改写历史的机遇就此消逝。因为这次转向，李秀成也未能按约定抵达武汉三镇，而是最终放弃了救援安庆的计划，改为与李世贤一起攻略浙江。

独木难支的陈玉成在拼死进攻四次后，仍未能解安庆之围。数月后，安庆陷落。又过了不到一年，陈玉成在庐州被俘，不屈就义。再过了两年，天京陷落，李秀成遇害。轰轰烈烈的太平天国运动就此落幕。位于浙、皖边境的大明山，在此期间经历了诸多战斗，也见证了这段血与火的历史。至今，山的东麓还保存着曾作为太平天国军事要塞的紫龙山寨。

如今，行至慧照寺遗址，房舍已俱毁，只剩芒草一片，旧迹难寻。唯有墓塔、点将台、练兵场、兵马栈道和明太祖题书"与国同休"石碑，向人们默默地诉说着那段峥嵘岁月。古往今来的各种逸事，更使这座秀美的山脉多了几分厚重和神秘。王侯将相的崛起与落幕都已归入历史的烟尘，然而那种身处逆境却不消沉的意志力就和这山岩一般坚韧。

也许，是这座山的环境浸润了人的品格；也许，是人的精神辉映了这奇绝的景色。行走在山中，仰观岩洞飞瀑，登临山巅，俯瞰云海奇峰，我们的脑海中总能浮现出那些坚毅的面庞，他们告诉我们要学会在挑战中寻机，在挫折中奋起，在逆境中前行。

参考文献

1.〔宋〕普济：《五灯会元》，中华书局，1984年。

2.〔宋〕司马光：《资治通鉴》，中华书局，2011年。

3.〔清〕张廷玉等：《明史》，中华书局，1974年。

4.茅家琦校补：《郭著〈太平天国史事日志〉校补》，台湾商务印书馆，2001年。

5.简又文：《太平天国革命运动史》，九州出版社，2020年。

不记琴操一段情：玲珑山

临安城区钱王街的西端，有一座海拔不过 353 米的山丘。它虽不高，却两峰逶迤，林木幽深，泉水潺潺；它虽不大，却亭台楼阁，摩崖石刻，人文荟萃，被认为具有独特的"玲珑剔透、林茂径幽之俊美"。这便是玲珑山。古往今来，这里吸引了众多历史名人、文人墨客前来观光游览，吟诗作赋，留下了许多美丽的诗篇和动人的传说。

一

北宋元祐五年（1090）的春天。江南三月，桃红柳绿，燕语莺啼。

时任杭州知州的苏轼正泛舟西湖，有湖光山色的自然美景，又有雅韵丝弦的人文清音，真是"淡妆浓抹总相宜"，好不惬意。

微风拂面，伴随而来的还有立于船头的侍妾王朝云优美的歌声："山抹微云，天连衰草，画角声断斜阳……"这正是"苏门四学士"之一的秦观秦少游著名的词作《满庭芳》。这首词是写给他心仪的一位歌妓的，缠绵悱恻，话尽人间凄凉。

苏轼听得有些入神，此情此景，确是有些牵人柔肠，不禁让人生出韶光易逝、容颜易老的感叹。

忽然有个声音打断了他的思绪，只听得旁边船上一个女子对吟唱的王朝云说："唱错了，把'谯门'唱成了'斜阳'，韵变了。"

王朝云被当众指出错误，有些不好意思，嗔怪道："这位姑娘一定精通诗词，那你能改韵吗？"

这位姑娘羞涩地一笑，双眸中清波一转，新的旋律已出：

> 山抹微云，天连衰草，画角声断斜阳。暂停征辔，聊共饮离觞。多少蓬莱旧侣，频回首、烟霭茫茫。孤村里，寒鸦万点，流水绕低墙。　魂伤。当此际，轻分罗带，暗解香囊。谩赢得、青楼薄幸名存。此去何时见也，襟袖上、空有余香。伤心处，高城望断，灯火已昏黄。

如此细腻巧妙地化解，伤情依旧，由她抑扬顿挫地吟出来，似乎味道更显得真实浓郁。苏轼不由得惊呆了，他循声望去，只见一位身着绿萝裙、淡荷衣的女子，衣袂清丽飘然，发上珠环素雅，声音婉转。他想凑近些看看，那条小船已渐行渐远，只余身影。

苏轼伫立船头，视线许久没有离开。询问之下，旁边人竟然都认得那是著名的歌妓琴操。她性情聪慧，琴棋书画无一不通。十三岁那年，做官的父亲被打入大牢，她自己被籍没为妓。官吏来抄家时，她正在家中后院弹琴，

琴操墓

那把心爱的琴也让人给毁了。"琴操"二字原出自蔡邕所撰的《琴操》一书，以琴操为名，既见才气，也见风骨。

再见之期并没有隔得太远。并不是很大的西湖，游船来来往往，又一天，苏轼的游船与琴操的撞在了一起，十六岁的琴操和五十岁的苏轼一见如故。

也许有人说这是琴操设计好的相遇，苏轼经常游西湖，有才子盛名又是知州，满湖认识他的人不计其数。琴操不偏不倚撞上他的船，实在不难。不过，是不是这样并不重要，设计得了开始，却设计不了结局。

琴操仰慕苏轼的才情，苏轼怜她身世可叹，也喜欢琴操的性情。他们经常一起出游，也常会约上和尚佛印，共同参禅悟道。琴操抚琴，一曲痴绝，天地回声。佛印说百年难得一闻，苏轼凝神沉思，仿佛已被度离红尘。

然而，红尘却不是真能离开的。一天，苏轼请琴操到西湖划船饮酒，戏谑道："我作为长老，你试试参禅来着。"琴操笑着应允。

苏轼道："何谓湖中景？"

琴操答："落霞与孤鹜齐飞，秋水共长天一色。"

苏轼又问："何谓景中人？"

琴操回应道："裙拖六幅湘江水，髻挽巫山一段云。"

苏轼再问："何谓人中意？"

琴操答道："随他杨学士，鳖杀鲍参军。"

苏轼还问："如此究竟如何？"

琴操似乎被说中了心事，默然不语。苏轼缓缓起身，慢慢吟道："门前冷落车马稀，老大嫁作商人妇。"苏轼借由白居易《琵琶行》中的诗句，是提醒琴操，当她韶华不再后，命运会变得悲惨，想劝说琴操从良，谁知一语惊醒梦中人。

琴操从思索中回过头来，坚定地说道："谢学士，真是惊醒我黄粱一梦，世事升沉梦一场。奴也不愿苦从良，奴也不愿乐从良，从今念佛往西方。"

心意已决，此生难回。琴操削发为尼，来到玲珑山别院，结香修行，从此青灯古佛相伴。

琴操爱慕苏轼，欲将身所托，尽管差了这些年月的人生，她也愿意用一辈子的深情陪伴他。不过，也许在苏轼心里，对于琴操的情感超越了男女之爱，更珍贵的是这种精神上的交流。世间美好的女子永远都多得如春花盛开，然而能知心的却可遇不可求，认识了琴操，早在一曲之间就已心意相通，殊为难得，简直就是上天的恩赐。既然超出了世俗之外，又如何敢让这段情沾上世俗烟火？

琴操不是甘于命运的女子，却为他"愿逐月华流照君"，动过的心并不后悔。此后数十年，小小的佛殿里，她行念跪拜，再不求缘求分。

二

玲珑山的山道边，有一块高出路面，突兀平坦好似卧榻一般的巨石，上有"醉眠石"三字。

琴操出家的那年秋天，苏轼约了黄庭坚和佛印禅师做伴来到临安。在高陆临安县衙与县令苏舜举谈了一会儿公事后，便转道到玲珑山上观赏秋景，顺道看望琴操。

苏舜举陪着苏轼、黄庭坚、佛印三人，乘轿来到玲珑山脚振衣亭前，下轿边走边观赏风景，不知不觉到了卧龙寺。琴操早已得到苏轼到来的消息，在寺门口等待多时了。与苏轼等相见，琴操十分高兴，寒暄一番后，便陪他们会见了长老，在东客堂稍事休息，就去踏山游览。

苏轼一行沿着寺后曲径，登上山顶凌云峰，秋高气爽，万里晴空，远近景色尽收眼底。天目双峰巍然相对，若隐若现宛如仙山；九仙、九洲，山峰相连，窈窕妩媚；东望临安，吴越福地宝塔矗立，民舍相连。苏轼不由心花怒放、诗兴大发，随口吟出七律一首《登玲珑山》：

何年僵立两苍龙，瘦脊盘盘尚倚空。

翠浪舞翻红罢亚，白云穿破碧玲珑。

三休亭上工延月，九折岩前巧贮风。

脚力尽时山更好，莫将有限趁无穷。

　　黄庭坚、佛印、琴操和苏舜举等人听后，个个称好。他们游毕回到寺里，卧龙寺长老铺设好纸笔，要苏学士把吟咏的诗句作为"留言"。苏轼虽觉疲乏，但兴致犹酣，复吟一遍后便笔走龙蛇，把诗句写在纸上，并在上落了款。苏轼既是诗人，又是书法家。诗，万壑来风；字，苍劲有力。寺中长老将苏轼墨宝珍藏，又派人将诗句镌刻在玲珑山崖壁上，至今尚存。

　　午饭时，寺中长老特别破戒，吩咐寺中厨工，特地为苏轼打开"彭祖养生酒"，请他尽兴畅饮。苏轼喝着"彭祖养生酒"，觉得的确香醇味美，敞开豪饮，一直喝到飘飘欲仙。

　　因有要事在身，苏轼一行酒后下山。但这"养生酒"有催眠安神之功效，走着走着，苏轼觉得一阵酒意袭来，双腿发软，两眼迷蒙，直想睡觉。刚好玲珑山古道边有一块平坦大石，长近一丈，宽约四尺，平整如榻。苏轼迷糊中叫苏舜举、黄庭坚、佛印等先回县衙，只留书童陪伴，自己则仰卧石上，舒臂展腿，呼呼大睡起来。苏舜举安排轿夫、轿子在山脚留下等他，便与黄庭坚、佛印先行回去了。等到苏轼一觉醒来，早已日落西山、月上树梢了，书童搀扶着醉意尚存的苏轼下山乘轿。

　　回到临安城内驿站，苏轼对山道边那块巨石念念不忘，专门写了"醉眠石"三个大字，叫苏舜举让石工镌刻其上。苏轼醉眠玲珑石榻，留下了一段美好佳话。

　　后来，苏轼、黄庭坚和佛印和尚经常来玲珑山，和

雾漫山村

琴操品琴论诗，直到两年后的一天。苏轼离任北上，看着诗人越来越远的背影，琴操的心扉也渐渐关上了。任凭风吹裙裾，她的双眸已经被泪水模糊了。

八年后，被朝廷勒令还俗的诗僧参寥来到玲珑山，告诉琴操一个消息，苏轼已被贬至南海中的儋州，也就是现在的海南了。薄暮中的琴操茫然若失，百感波涌，万念俱灰。不出数月，竟香消玉殒，时年不过二十四岁。

垂暮之年的苏轼听闻琴操的死讯，面壁而泣，痛苦地重复道："是我害了她，是我害了她。"泪眼蒙眬中，他的脑海里依稀浮现出他最后一次见琴操的情景。

那是个草长莺飞的四月，苏轼策马往北，却蓦然回首，忧伤地一瞥。那个裙裾飘飘、抚琴而歌的北宋少女琴操和那空谷琴声一样，烙印在诗人苏轼的心中，成为他一生的痛。

重新起复后，苏轼北上途中又来到玲珑山琴操修行处，重葬了这位红颜知己，自写了一方墓碑，并留下一首名为《寻春》的诗：

> 东风未肯入东门，走马还寻去岁村。
> 人似秋鸿来有信，事如春梦了无痕。
> 江城白酒三杯酽，野老苍颜一笑温。
> 已约年年为此会，故人不用赋招魂。

不久之后，苏轼病逝于常州，一段虽不致轰轰烈烈但感人至深的故事，画上了一个悲情的句点。只有山间的明月清风和无语而东的流水，向后人诉说着这段凄美的过往。

三

到南宋时，琴操墓已淹没在荒草之中，乡人捡到苏轼的题碑，就重修了一次。民国时，郁达夫、林语堂和潘光旦同游玲珑山，翻遍八卷《临安县志》却不见有关琴操记载。气愤的郁达夫作诗叹道："山既玲珑水亦清，东坡曾此访云英。如何八卷临安志，不记琴操一段情！"

林语堂拿来一本《野叟曝言》，提议说道："潘光旦研究冯小青，我喜爱李香君。达夫和琴操也算是同乡，琴操墓的修整就理应由郁兄来操办了。"此事后来不了了之。

只因琴操一朝为妓，终入不得正史。痛感玲珑山墓冢荒鄙怎能配上这个前朝的美人，数代文人墨客因此冢而拜访玲珑山，墓碑也几度重修。琴操因苏轼而得到几代文人的怜惜，玲珑山也因有琴操而千古闻名。

昔年琴操上山时，要过南天门。这是唐朝就有的山门，上有楼阁，下通行人，有石门可开启。这景致早已湮没，遗存的只有一方后人题刻的"玲珑胜境"，还有苏轼手植的学士松了。"九折岩"三个字，据说是苏轼的醉书。当年，琴操就从这方岩壁后拐过去，消逝在绿树中。山路不长，有一种曲径通幽之感，不知道琴操又如何想呢？她这一步过去，就和红尘隔绝了，可她真的抛得下世间的繁华和心中的情愫吗？

杭州是一座爱情的城市，梁山伯与祝英台的故事、白娘子与许仙的传说，似乎总在提醒着我们红颜薄命的悲戚，感叹着时运不济的凄凉。人在这个世上，会留下或浅或深的印痕，但这一切最终将归于永远的沉寂。正如苏轼那首著名的诗所说："人生到处知何似？应似飞鸿踏雪泥。泥上偶然留指爪，鸿飞那复计东西？老僧已死成新塔，坏壁无由见旧题。往日崎岖还记否，路长人困蹇驴嘶。"

我们所能做的是什么呢？唯有抓住当下，不负韶华。守护着内心纯净的温良，懂得珍惜，方能懂得相忘，岁月静好，我心无恙。

参考文献

1.〔宋〕方勺：《泊宅编》，中华书局，1983 年。

2.胡月耕、张涛、印振武编著：《玲珑山传说》，杭州市民间文艺家协会、浙江天目书院文学社，2001 年。

三千越甲可吞吴：越王城山、老虎洞山

沿着杭州主城区的中轴线向南越过雄奇的钱塘江，我们的目光汇聚于萧山城区的西侧。黛色的群山里，一泓葫芦形的湖泊仿佛宝镜一般镶嵌其中。北宋政和二年（1112），萧山县令杨时"视山可依，度地可圩，以山为界，筑土为塘"，依托原有的西城湖，在这里筑起了一个人工湖，因其"山秀而疏，水澄而深，邑之人谓境之胜若潇湘然"，遂称之为"湘湖"。如今，这里已成为著名的湘湖国家旅游度假区。

在湘湖的西北角，立着一座海拔仅 151 米的山丘；在这座山丘西南方向 5 公里处，还有一座海拔 218 米的山丘。两座山丘互为掎角之势，在巍峨的浙西群山面前本无足轻重，却因 2500 多年前的那场吴越争霸被载入史册。西北角的那座，名曰越王城山；西南角的那座，唤作老虎洞山。

一

周敬王二十六年（公元前 494），夫椒（今苏州太湖洞庭山）。越王勾践立于船头，眼见着越国水军船只被烧成灰烬。山脚尸横遍野，越军士兵痛苦的呻吟不断

老虎洞山

传入耳际。此时，出征时的豪情壮志已被怅惘悔恨冲刷殆尽。他凄然地转过身，向身边的谋士范蠡道："少伯，吾不听汝言，而至于此！"

两年前，勾践之父越王允常去世，吴王阖闾乘机兴师伐越，两军战于槜李（今浙江嘉兴西）。越军的前两次冲锋均未能占到便宜，勾践心生一计，下令派出死士，排成三行，行至吴军阵前自刎，令吴军惊骇不已。抓住这一难得的战机，越军突然向吴军掩杀过去，吴军大败。越国大夫灵姑浮挥戈砍断了吴王阖闾的大脚趾头，重伤的阖闾流血不止，仅仅支撑了七里地，便不治而亡。临终前，他叮嘱儿子夫差："一定不要忘了向越人复仇。"

勾践骄傲了。"吴国言过其实，我们可以高枕无忧了"，这个念头不断盘旋在他的脑海。宴饮达旦，醉生梦死，越国的宫殿朝歌夜弦，绿云扰扰。

夫差却在励精图治。两年来，他每天让庭中之人提

醒自己勿忘杀父之仇。劝课农桑，训练士卒，吴国士气
日盛，复仇的时机已然到来。

　　吴国厉兵秣马的消息让勾践有些惊愕，却未完全清
醒。他的脑海中完全是两年前吴王阖闾被击伤而死的场
景。"吴国不堪一击，"他轻蔑地想，"若是我军能够
乘此机会主动出击，必能一举击破吴国，说不定还可以
实现父祖未竟的灭吴大业。"他迅速召集文武群臣，商
讨攻吴大计。

　　重要谋士范蠡却坚决反对出兵，他立于堂上，据理
力谏："大王，臣听闻兵器是凶器，攻战是违背道德的，
争先打仗是所有事情中最下等的。大王现在要亲身参与
这样的下等之事，定会遭到上天的反对，这样做是绝对
不利的！"

　　"我看你是犯糊涂了，对吴国居然如此惧怕！"勾践
闻言，气得猛然起身，手指着范蠡，"吴国根本不堪一击，
阖闾老儿就是我们所杀，这次我要夫差和他天上团聚。
我意已决，休得再谏！"范蠡长叹一声，默默退了出去。

　　越国尽发国内军队，水陆并进，气势汹汹扑向吴国。
勾践踌躇满志，以为吴国必无准备，却未曾想到夫差早
已枕戈待旦。两年的蛰伏之功在此刻迸发出惊人的能量，
吴军精锐尽出，于夫椒迎战越军主力。山脚，白刃翻飞，
杀声震天；湖上，艨艟纵横，箭如雨下。越军很快抵挡不
住，水陆两线全面溃败。勾践在发出"不听范蠡之言，
而至于此"的慨叹后，收拾残军五千余人，向南退却。
夫差紧追不舍，终于在固陵城山将勾践团团围住。无奈
之下，勾践只好让范蠡于山上筑城，意图坚守。

　　固陵城山就是如今的越王城山，范蠡奉命筑的这座

城也就是如今山巅的越王城。当时，海水直接连通钱塘江，越王城山虽四面环水，山下之水却无法直接饮用。吴王夫差将勾践围困于山上后，发现此山虽不高，却山坡陡，易守难攻。当发现山下水咸的秘密后，夫差以为山上缺水，无法持久，所以决定改变策略，围而不打，等待缺水的越军自行投降。

日子一天天过去了，越军却丝毫没有投降的迹象。这当然与越人绝不轻易投降的性格有关，更由于城山之上并非缺水。山上有一口泉，泉水一年四季都不会干涸，名曰"佛眼泉"，如今遗迹尚存。在半山腰，还有一个水池"洗马池"，顾名思义，越王勾践曾在池中洗马。这两处水源，给越军提供了坚守的基础。

夫差的耐心被慢慢消磨殆尽。为了逼迫越军出战，他想出了一个法子。这一天，两条咸鱼通过使者送到了城山上越王勾践的手中。

"这是何意？"许多士兵不得其解。

勾践却笑了，自从夫椒兵败以来，他还未曾笑得如此开怀："夫差定是以为山上缺水，所以送来咸鱼逼我出战，我这就让他弄个明白。"他召来仆役，命他们从洗马池中捕来两条活蹦乱跳的鲈鱼（一说鲤鱼），送入山下吴军阵中。

看到鲈鱼的那一刻，夫差明白自己失算了：山上竟然有水！速战速决已无可能，吴军的补给即将耗尽，如此拖下去也非长久之计，不如先行撤军，再徐图之。于是下令吴军撤围而去。

越王勾践"馈鱼退敌"，让越王城山染上了一层传奇色彩。一千五百年后，北宋诗人华镇的《城山》诗将这个故事描绘得出神入化："兵家制胜旧多门，赠答雍容亦解纷。缓报一双文锦鲤，坐归十万水犀军。"

二

老虎洞山陡峭的山崖上，坐落着一个很小的山洞。清晨，一缕阳光透过狭小的洞口，照着洞内阴冷的地面上一方破旧的柴草席，席上一柄利剑发出耀眼的寒光。草席上方的石壁上，拴着一根绳子，悬垂着直落下来，绳子的尽头，绑着一枚蛇胆。一名身着粗布单衣，披头散发的汉子，正从卧着的席上直起身来，将蛇胆缓缓含入口中。

蛇胆的苦味释放出来，这人不禁皱了皱眉头，但很快，他的眼神变得坚毅起来。与此同时，洞外传来守卫的声音："你忘了三年的耻辱了吗？"

"决不曾忘！"他的声音有些发颤，却又异常沉稳，坚毅的眼神中渐渐升腾起一股怒火。他想起了三年前的越王城山，想起了三年的吴宫岁月。

三年前，"馈鱼退敌"的机智终究还是没能挽救越国的命运。不久，卷土重来的吴军再次击败越军，勾践兵困会稽山。残酷的现实让他不禁也气馁起来。一天，大夫文种在旁侍奉，他不禁叹息道："我难道此生就这样了吗？"

文种答道："当初商汤被夏桀囚禁于夏台，周文王被纣王关押在羑里，晋文公重耳逃亡到北翟，齐桓公小白逃跑到莒国，最后却都称霸天下。由此看来，大王您受这点委屈算什么呢？"

越王城山

　　勾践幡然醒悟，于是令文种出使吴国议和。此时，吴王夫差如同当年夫椒之战前的勾践一般，骄傲了起来。他认为越国业已臣服，于是同意勾践的请和。不想吴国相国伍子胥却坚决反对，认为上天将越国赐予吴国，不可浪费时机。夫差摇摆不定，拒绝了勾践的请求。

　　文种将吴国的态度回报勾践，越人不服输的性格又一次爆发出来。勾践决定杀妻灭子，焚毁国家宝器，与吴国决一死战。文种制止了他，并提议贿赂生性贪财的吴国太宰伯嚭，以离间吴国君臣。勾践听从了文种的建议，派人送予伯嚭钱财美女。伯嚭果然向吴王夫差进言，说如若积极进攻越国，必然会让勾践凭借剩余的五千人死拼，对吴国并无好处，不妨接受越国的请和。

吴王夫差的骄傲又一次占了上风，他认为伯嚭说得有道理，接受了越国的请和。伍子胥再三告诫吴王，若放弃当前灭越的天赐良机，将会追悔莫及。已经被冲昏头脑的夫差这次完全听不进伍子胥之言了，他赦免了越王勾践，从越国撤军。

周敬王二十八年（公元前 492）五月，西城湖（今湘湖）。越王勾践与范蠡作为人质前往吴国，送行的越国群臣和百姓队伍一直绵延到固陵城山（今越王城山），堵塞了水路。面对此情此景，勾践仰天长啸，泪如雨下。他一言不发，只是举起酒杯，向他托以国事的大夫文种和送行的众人敬了一杯酒，随后快步登上舟船，背乡而去，只留下身后钱塘江水，无语东流。

来到吴国之后，吴王夫差认为越国将灭，越王鄙陋，让勾践夫妇住在阖闾坟冢旁的一间石屋里，并叫勾践替他喂马。表面上，勾践没有丝毫怨言，尽心尽责地做着仆役的工作。夫差每次坐车出去，勾践就给他拉马。有一次，夫差病了，勾践竟然亲自去尝夫差的粪便，来判断夫差是否即将痊愈。夫差很是感动，认为勾践真心归顺了他，再加上太宰伯嚭不断地说好话，三年后，他释放勾践回国。

事实上，勾践无时无刻不牢记着灭吴复仇的使命。回国后，他唯恐眼前的安逸消磨斗志，搬入老虎洞中，开始了每日的"卧薪尝胆"。他还亲自参加耕种，他的妻子亲自织布，以此鼓励生产。为了增加人口，他制定了奖励生育的制度。大夫文种帮助他管理国家大事，范蠡帮助他训练人马，经过十年的艰苦奋斗，越国终于兵精粮足，转弱为强，奠定了复仇的基础。

反观吴国，此时的夫差完全复制了曾经的勾践，贪图安逸，不恤民力，盲目力图争霸。周敬王三十八年（公元前482），夫差亲率大军北上，进攻齐国，伍子胥苦谏夫差应先灭越国，夫差不听，最终将伍子胥赐死。伍子胥自杀前，对着送剑来的使者说："一定要将我的眼睛取下放在国都的东门之上，让我看看越国士兵是如何攻进来的！"

勾践等来了复仇的最佳时机。吴国精兵悉数北上，国内空虚。勾践亲率军队讨伐吴国，果然迅速击败吴军，斩杀吴国太子友。吴王夫差连忙班师，此时的越国尚无法完全消灭吴国，于是迫使吴国求和。

四年后，勾践卷土重来，在笠泽（今江苏吴江）大败吴军，吴国更加衰落，其霸业亦随之终结。又过了两年，越王勾践给予羸弱的吴国最后一击。出兵三年后的周元王三年（公元前473），越兵攻入吴国都城，将夫差围困于姑苏山上。

此时的勾践想起了二十一年前的自己。那时意气风发的青年，早已双鬓斑白。如今困于姑苏山上的夫差和当年困于越王城山的自己何其相似！一丝不忍涌上心头，面对前来议和的吴国使者，他竟有了恻隐之心。范蠡的话点醒了他："当年上天将越国赐予吴国，吴国不取；如今上天将吴国赐予越国，越国难道可以逆天吗？"他最终拒绝了吴国的议和，并让吴国使者给夫差带话，说会将他流放甬东（今浙江舟山），给他百户人家，让他在那里终老。

夫差听罢，苦笑道："我老了，不能再侍奉越王了。"自刎而死，吴国遂亡。

灭吴后，勾践在徐州（今山东滕州）会见各国诸侯，并遣使致贡于周。周元王封勾践为伯。在各诸侯的推举下，勾践号称霸王，成为春秋史上的最后一位霸主。此时，距离老虎洞中的"卧薪尝胆"已过去了十八年。他站在会盟台上，又一次泪流满面。两年后的冬天，这位枭雄一病不起，带着忍辱负重的复仇传奇成为历史。

三

浪花淘尽英雄，吴越争霸的传奇早已远去，只留下山上的古城堡孤独地讲述着曾经的金戈铁马。时光荏苒，两座山上的遗迹渐渐被人们所遗忘，直到北宋靖康二年（1127）。靖康之变，宋廷隅居临安，此时距离杨时筑湖已过去了不少年。越王城山与老虎洞山一道，从荒山野岭重新进入人们的视野。南宋军民从勾践卧薪尝胆、雪耻复国的故事中，找到了洗雪国耻、收复中原的精神寄托。

民族英雄文天祥在南宋灭亡、被俘北上途中，不禁想起越王勾践，落笔写下："登临我向乱离来，落落千年一越台。春事暗随流水去，潮声空逐暮天回。烟横古道人行少，月堕荒村鬼哭哀。莫作楚囚愁绝看，旧家歌舞此衔杯。"诗中虽有家国之叹，但却更多流露出重建家国的希望与信心，这正是勾践精神的体现。

人们在两座山上相继建起了勾践祠、城山寺、尝胆亭等建筑凭吊勾践，一直延续到清朝。不计其数的文人墨客来到越王城山吊古，缅怀越王勾践。明代文人刘宗周曾题诗曰："此地曾传尝胆事，我来犹忆卧薪人。""城

越王祠冬日

山怀古"因而成为旧时"湘湖八景"之一。后来，其中一些建筑毁于战火，直至当代又得以重建。

现存的越王城遗址位于山巅，为夯土筑城，平面呈横葫芦状，周长1091米。它是目前我国唯一保存完好，且与史书记载相符合的古越文化遗址，已被列为浙江省重点文物保护单位。

如今，当我们登临山巅触摸越王城的古城墙，当我们立于勾践祠中仰望"大禹遗烈"的匾额，当我们屈身老虎洞里体会越王曾经的住所，一个身为大禹后裔，又如同大禹一样百折不挠、发愤图强的形象依旧会清晰地呈现在我们的脑海中。岁月可以湮灭历史的痕迹，却无法磨灭历史的精神。

正如蒲松龄所写："苦心人、天不负，卧薪尝胆，三千越甲可吞吴。"大禹治水、勾践灭吴，这两位越人为中华民族注入了独立自强、不断进取的基因，激励着一代代的国人负重前行。

参考文献

1.〔汉〕司马迁：《史记》，中华书局，2014 年。

2.〔春秋〕左丘明：《国语》，上海古籍出版社，2015 年。

3.李步嘉校释：《越绝书校释》，中华书局，2013 年。

4.〔汉〕赵晔：《吴越春秋》，江苏古籍出版社，1999 年。

十里江山指顾中：鹳山

钱塘江溯流而上，到达富阳境内，它便有了一个新的美丽名字——富春江。富阳，原名富春，秦代建县。地与水同名，"两山夹江"，天目山余脉绵亘西北，仙霞岭余脉蜿蜒东南，渲染成富春山水的开篇画卷。富春山水，古今闻名。"自富阳至桐庐，一百许里，奇山异水，天下独绝。"南朝梁文学家吴均在《与朱元思书》中的这一段描写，脍炙人口。

今天富阳城区的富春江大桥边，有一座海拔仅42.9米，面积仅3.46公顷的小山丘。山丘临江处有石矶，似鹳鸟迎江而立，故名鹳山。很多人并不知道，这座看似不起眼的小山丘却人文荟萃，是富阳区最具代表性的风景区之一。

一

鹳山是唐代开始修筑的富春江堤坝的起点。相传东吴大帝孙权的后裔曾于山上建立道观，因而其被称为"观山"。这据传也是鹳山名称的由来之一。后来，鹳山被会真觉寺的僧人买下，南宋嘉定十一年（1218），富阳知县曾治凤出公帑将其收属官府，作为官府驻地，又将其辟为游览名胜。从此，这里茂林修竹，叠翠堆青，成为富阳的重要风景区。

鹤山之巅原有一座永乐吉祥寺，相传为唐代大中年间（847—859）鸟窠禅师所建。北宋著名文学家苏轼熙宁五年（1072）在杭州通判任上时，因与吉祥寺的老僧文长老是同乡，曾两次来此游览。他曾经写下《吉祥寺僧求阁名》一诗："过眼荣枯电与风，久长那得似花红。上人宴坐观空阁，观色观空色即空。"在这首诗中，屡次经历宦海浮沉的苏轼，体现出一种超然的处世态度。胸怀坦荡，无惧风雨，任天而动，成为一代文人风骨的写照。

吉祥寺后来坍塌，至南宋嘉定年间（1208—1224）才由知县方舟重建。方舟还命人从永安山妙智寺移来一口重达1942公斤的铜钟。清晨时分，薄雾笼江，铜钟敲响，声传十里，将人们从晓梦中催醒；夜半时分，万籁俱寂，钟声悠远，余音袅袅，又为睡梦中的人们送去清心安详。这就是曾经的"春江八景"中的"吉祥晓钟"。

元代诗人吴莱曾有一首《吉祥寺》诗如此描摹："一昔逢寒食，行吟采物华。风生敲槛竹，雨湿堕船花。曲坞青龙树，长滩白鹭沙。回看江上水，直去到吾家。"明代洪武年间（1368—1398），吉祥寺并入偃松寺，明末烧毁，湮灭于历史的尘埃之中。

在鹤山西麓，有一座临江屹立的几丈高的平台。台基为旧时城墙，平台四周护以栏杆。平台右侧的树丛中，若隐若现着一座青墙黛瓦、飞檐翘角的两层楼阁，这便是被古人称为"危楼如画俯山根"的"春江第一楼"。

登临此楼，迎面而来的便是滚滚的富春江水，日夜

富阳鹳山

不休地往东南流去……凭栏远望，烟波涌起，澄江如练，两岸重峦叠嶂，山色如黛，每当夕阳西下，落日熔金，帆影点点，真有秋水共长天一色之感。清代邵光尹《鹳山》诗云："十里江山指顾中，波光淡荡映晴空。相看形势无如昔，共叹英雄所见同。落照归帆千点白，晓星海起一弱红。孙郎已去烟波没，当代谁兴百世风？"

"春江第一楼"原为三层，内供雷神和其他神像。咸丰十一年（1861）毁于战火，同治年间（1862—1874）重建，改为两层，上塑雷神，下供佛龛，由周宝善书写匾额。鹳山上原来还有观涛所、观音阁、四照阁、待月桥以及逸云亭、耕春亭、澄江亭等胜迹，因年久失修或毁于战火，已所剩无几。目前仅有一座"揽胜亭"是唯一幸存的古代建筑。立于亭中，景色正如其上的楹联所写："一江白练浮天阔；万叠清螺入野低。"

在富春山水之中，鹳山真可说得上是袖珍了。但变幻各异的景色和星罗棋布的人文景点相得益彰，因而成为"山不在高，有仙则名；水不在深，有龙则灵"的最佳写照。

二

三国东吴黄武年间（222—229），永康的一位樵夫在山中抓到一只大龟，想要献给吴王孙权。他一路北行，晚上将船停泊在富春江边的一棵桑树之下。半夜时分，桑树忽然对大龟说："元绪（大龟的名字）啊，你这是怎么回事？"

大龟说："我被人捉住，快要被烹煮了，可是，他们哪怕烧光南山的树木，也烧不烂我的。"

桑树说道："诸葛恪（诸葛亮兄诸葛瑾之子）博学多识，肯定会想出办法的，如果去找像我这样的老桑树来烹煮你，那你如何是好呢？"

大龟叹了口气，答道："子明（桑树的名字），不要多讲，否则连你也有灾祸啊。"桑树于是不再言语。

等到大龟被送到都城建业后，孙权命令煮龟，但烧柴万车，大龟却依然没有任何变化。大龟正暗自得意，不料一旁的诸葛恪说："大王，用老桑树作柴煮的话，就会烧熟了。"樵夫听罢，也将自己所听到的龟、树所说的话重复了一遍。于是孙权派人去砍伐桑树来煮龟，果然如诸葛恪所说，没多久，大龟就四脚朝天，被煮得皮开肉烂了。

唐代大诗人白居易从南朝宋《异苑》中读到这个故事，于是写了一首《杂感》诗，其中有"老龟烹不烂，延祸及枯桑"的句子。意思是说老乌龟煮不烂，却让老桑树遭了殃，延伸一下就是嫁祸于人之意。后来这句诗成为一句民间俗语，常用形容移祸他人。

这位樵夫停船的地方，就在鹳山东麓。这里有一座石矶伸入江心，使得江水回旋成潭。这个传奇故事，又给这里增添了浪漫主义色彩。另一传说此潭中有神龟，每逢秋月中天，江上笼罩着一层银光，神龟为迷人的月色陶醉，便从千丈潭底浮出江面，伸长巨嘴，欲吞吸江中的皎皎秋月之影。此景被称为"龟川秋月"，为古时"春江八景"之首。如今，在这里建起了龟川阁，成为流连江景、举头赏月的佳绝处。

龟川阁的西侧，一块巨石面水傲立、凌空欲坠，上面镌刻有"登云钓月"四字，字体遒劲，笔力苍劲，相传出自苏轼的手笔。

苏轼和富阳的渊源深厚，除了前面所说的吉祥寺故事外，还因为与晁端友父子之间的友谊而为人津津乐道。北宋熙宁四年（1071），苏轼出任杭州通判。差不多同一年，他的旧友晁端友也被派到杭州的属县新城（今富阳新登）担任县令。正所谓"正是江南好风景，落花时节又逢君"，在好游历、好交友的苏东坡看来，这实在是老天再好不过的安排了。

原本苏轼就很是仰慕富春古贤孙权、罗隐等人，加之故友在此，于是多次至此观景访友，并留下了脍炙人口的诗作《新城道中》："东风知我欲山行，吹断檐间积雨声。岭上晴云披絮帽，树头初日挂铜钲。野桃含笑竹篱短，溪柳自摇沙水清。西崦人家应最乐，煮芹烧笋饷春耕。"一种厌恶俗务、热爱自然的欢乐心情跃然纸间。

晁端友有个儿子叫晁补之，晁端友在新城上任后，晁补之写了一篇叫《七述》的游记，记述钱塘风物。

写完之后，晁补之觉得不错，就拿去给他的父亲看，晁端友看后，也觉得不错，就拿去给苏轼看。苏轼看完，大为赞赏，欣喜地说："从此以后我可以搁笔不再写文章了啊。这孩子于文章无所不能，超出其他人很多，以后必定能名显后世。"

于是，苏轼又乘兴画了一幅《塔山对雨》送给晁补之。晁补之接过画后，当即在画上提笔写下一首诗："山外圆天一镜开，山头云起似浮埃。松吟竹舞水纹乱，坐见溪南风雨来。"

苏轼读罢此诗越发高兴，就顺手把晁补之收为自己的弟子。晁补之后来也和黄庭坚、秦观、张耒一起并称为"苏门四学士"。

两年后，晁端友调离富阳。不久，苏轼因公再次来到富阳，月夜泛舟于鹳山边的江中。此时，故友已别，他内心泛起一丝凄楚，朝堂的风波更让他心烦意乱。想到此，他不禁要飞上云端，羽化成仙，追逐月亮，摆脱这俗世的烦恼。一阵凉风袭来，他猛地惊醒，这美好的愿望不过是一场空想而已。惆怅间，他弃舟登岸，在江边的山石上写下"登云钓月"四字，就让自己美好的心愿永留在这美丽的富春山水之间吧。

八年后的又一个月夜，贬谪于黄州的苏轼写下了千古名篇《赤壁赋》。"挟飞仙以遨游，抱明月而长终。"那时的他，一定想起了在鹳山停泊的那个夜晚吧。

"登云钓月"的东侧立有一石碑，上刻"严子陵垂钓处"。多少年来，人们多只把桐庐的那座严子陵钓台当作东汉高士严子陵的垂钓和隐居处。其实，富阳境内原有三处严子陵钓台遗迹。不过现在仅存鹳山脚下的这一处了。严子陵的事迹，我们会在后面的文章中具体讲述。

南宋淳祐年间（1241—1252），县令李迪曾在鹳山上建严子陵祠。明代徐文长游鹳山时，在祠中题诗曰："碧水映何深，高踪那可寻。不知天子贵，自是故人心。"出生于富阳的著名作家郁达夫曾经这样自报家门："家在严陵滩下住，秦时风物晋山川。"严子陵所代表的中国文人不慕名利的隐逸精神，受到历代景仰和效仿。

清朝雍正、乾隆、嘉庆年间，从富阳走出的董邦达、董诰父子，正是这种不慕名利精神的传承者。

董邦达的父祖辈均是农民。况周颐的《眉庐丛话》中，记载了董邦达早年的一段传奇经历：

青年董邦达进京赶考，住在武林会馆。后来盘缠花光了，就搬到另一家旅馆暂住，但很快又交不起房费了。有一个老妇人叫刘媪，擅长相面术。她认为董邦达不会一直贫贱，就将自己多余的空房腾出来给董邦达住，并格外善待他。董邦达就在这里刻苦攻读，努力备考。

不料放榜之日，董邦达竟名落孙山，他羞愧难当，自觉无颜面去见刘媪，于是漫无目的地在街市中徘徊。又饿又累之下，他倚在道边一处高门旁睡着了。不知站了多久，忽然有人将门打开，询问他是谁，董邦达如实相告。听说董邦达是个落榜的书生，此人面露喜色，将

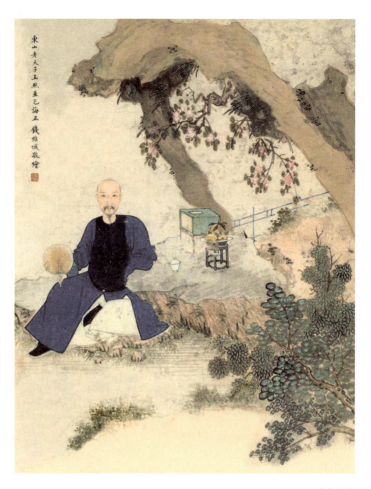

董邦达像

他让进屋，拿出一份红笺，请董邦达代写一份答谢柬，并署上某位侍郎的名字。写完，此人拿着谢柬送入内庭，出来之后，他殷勤地招待董邦达吃饭。

等董吃完饭，此人细说详情：原来他是侍郎家的守门仆从，经人推荐也是刚来，正赶上侍郎安排写谢柬，就请董邦达代笔了，因为侍郎对谢柬赞不绝口，因此请董邦达留下来继续做代笔，许诺给一点微薄酬金。

董邦达欣然允诺。此后一切文书信件都出自董邦达之手，侍郎看后都很满意，这个仆从却将董邦达代笔认作自己的功劳，越来越受到信任。

过了一段时间，侍郎有机密的事情，召唤仆从到书房，命他当场拟稿。这个仆人惊慌不已，憋了许久，一个字也写不出来。侍郎逼问之下，仆从只得如实交代。侍郎大惊，于是穿戴好衣冠来到客厅，请出董邦达相见，向他道歉，并请董邦达担任自己的记室，两人相处甚欢。

侍郎夫人有个贴身婢女，聪慧机敏，略通词翰。待到成年时，侍郎夫人要为她择婿嫁人，婢女执意不肯，说道："我虽然出身低贱，但是嫁人也不愿意嫁给隶役之人，只想嫁给董先生那样的读书人。但是人家怎么可能看上自己，因此我宁愿终身不嫁，侍候夫人一辈子！"

侍郎听到这番话，笑着说："傻丫头，董先生才华横溢，飞黄腾达指日可待，怎么可能娶一个婢女做正房妻子呢？"

转眼到了中秋节，侍郎与董邦达月下对饮，酒酣耳热之时，讲起婢女所言，表示愿意将这痴心的女孩送给董邦达做妾。董邦达很是感慨："小生落魄，行遍京师，无人青睐。被您提携，已经超出预期了。这个弱女子能怜才，一定也不是碌碌无为之人，焉敢妾之？正位也可。"

侍郎一听，更加看重董邦达的为人，跟夫人一商量，就将婢女收为干女儿，再嫁给董邦达，这样董就成了侍郎家的女婿了。这位侍郎便是后来升任吏部尚书的励廷仪。

一年之后，董邦达高中进士，后来又官至礼部尚书。董邦达为人正派，做官清廉。《红楼梦》的作者曹雪芹也是他的好友之一，董邦达曾为曹雪芹的《南鹞北鸢考工志》作序。董邦达还擅画山水，他取法元人，善用枯笔，与董源、董其昌并称"三董"。

董邦达的长子董诰，继承了父亲的才学，与其父有"大、小董"之称，年轻时就崭露头角。乾隆二十八年（1763），二十四岁的董诰高中探花，因为他是董邦达的儿子，乾隆皇帝将他改为二甲第一，即由探花改为金殿传胪。所谓金殿传胪，就是依次唱名传呼，进殿晋见皇帝。这一改动其实属于明降暗升，为董诰日后登上相位铺平了道路。

董邦达、董诰父子二人历事雍正、乾隆、嘉庆三朝，为官清正廉洁，董诰后来官至军机大臣、太子少保、户部尚书、文华殿大学士，可谓位极人臣。乾隆晚年，和珅一手遮天，而董诰却不同流合污，因而嘉庆皇帝即位后对他信任有加。嘉庆四年（1799），董诰参与了扳倒和珅的行动，此后成为嘉庆时期的重要辅臣。

七十九岁时，董诰去世，嘉庆帝亲临祭奠，并写哀诗赞叹："世笃忠贞清节坚，先皇恩眷倍寅虔。骑箕仙苑九秋杪，染翰枢廷四十年。只有文章传子侄，绝无货币置庄田。亲临邸第椒浆奠，哀挽荩臣考泽宣。"

如今，鹳山山顶修建了董公祠，以纪念这对富春江畔的传奇父子。两人诗文书画名震当代，他们以朝廷高官及书画大家的双重身份，一生协助皇帝掌管国事，并进行浩大的文化工程。董氏父子文艺素养深厚，他们的作品昭示出一个辉煌的时代，也讲述着位极人臣的心路历程。父子俩的两袖清风，也与苏轼、晁补之等文人的寄情山水一起，成为鹳山文化不可或缺的精神财富。

参考文献

1.〔清〕汪文炳修：《光绪富阳县志》，国家图书馆出版社，2016年。

2.〔元〕脱脱等：《宋史》，中华书局，1985年。

3.赵尔巽：《清史稿》，中华书局，1998年。

无双毕竟是家山

HANG ZHOU

152

大痴画格超凡俗：庙山坞

从鹳山出发，沿富春江东下约五公里，便来到了庙山坞。庙山坞人文历史悠久，文化积淀深厚。据史料记载，初唐时，钱塘江、富春江水位很高。江面平至坞口的老虎山脚下，村庄集中于山坞内。由于坞深境幽，庄大人众，故名为千家村。村民们日出而作，日落而息，唯以舟楫沟通外界，是典型的世外桃源。时至唐朝末年，巨大的山洪泥石流将千家村夷为平地。到了宋朝，随着富春江水位的下降，人们就在坞口开阔地带重建村庄，同时为了祈保平安，更村名为庙山坞。

站在庙山坞的江边极目远眺，山色如黛，澄江似练，好一派富春风光。七百年前，一位年近八旬的老人隐居于此，并花三年的时间用画笔将这"天下佳山水"浓缩于宣纸间。这幅被后世称为"画中兰亭"的山水画名为《富春山居图》，这位耄耋老人便是"元四家"之一的黄公望。

一

清朝初年的一天，江南一个富绅之家正陷入一片混乱和惊慌之中。一个面目枯槁的干瘦老头僵直地躺在床上，床前围聚着众多家眷和仆人。他叫吴洪裕，是个著名的收藏家。他喘息了一阵后，勉强撑开眼皮，慢慢转动着浑浊的眼珠，注视着站在他床前的一个中年男子，嗫嚅着："快把我的两件宝……宝贝拿来。"

中年男子是吴洪裕的侄子，叫吴静庵。他知道在叔叔众多的收藏品中有两件是最珍贵的：一件是王羲之七世孙智永和尚的《真草千字文》，另一件便是元代山水画家黄公望的名画《富春山居图》。

过了一会儿，吴静庵把那两件宝贝捧到了床前。吴洪裕的眼中突然放出了一丝光亮，他喘着粗气，挣扎着说："如今……我就要走了……把它们烧了，让我带走吧……"

"不，叔叔，不能烧啊！这可是稀世珍宝！"吴静庵的眼中噙着泪花。

"烧！……"吴洪裕断断续续地说，"烧了它们……我可以继续在……在阴间独自受……用，谁也抢……不走。"

无奈之下，吴静庵只能将一盆炭火端到了吴洪裕的床前，泪流满面地把《真草千字文》投入了火中。熊熊的火焰立即把那幅稀世珍宝吞噬了。

"烧得好……烧得好……"吴洪裕的脸上竟显示出些许得意，双眼却渐渐合上了。

当吴静庵无奈地把《富春山居图》慢慢投入火中时，发现叔叔已断气了。他实在不忍心让这幅稀世名画再烧毁，不顾危险，急忙从火中把它抢了出来，扑灭火焰。可惜这幅一尺多高、二丈多长的长卷巨作，中间一段已被烧坏，于是不得不把烧坏部分裁去，遂使长卷分成两段。

较长的后一段因为题跋给黄公望的师弟无用，故后来被称为"无用师卷"，现存台北故宫博物院。较短的前一段被称为"剩山图"，如今为浙江博物馆珍藏。

一幅《富春山居图》为什么会受到吴洪裕如此珍爱，甚至要拿它来殉葬呢？这一切还要从南宋咸淳五年（1269）的中秋节说起。

二

黄公望，原名陆坚，南宋咸淳五年（1269）生于平江常熟（今苏州市常熟市）。他出生那天正值中秋佳节，然而此时偏安南方的南宋朝廷中奸相贾似道专权，国势衰弱，南宋正遭受元朝军队铁蹄的蹂躏，处于生死存亡之秋。在那动荡的时代，无数的战争使人们流离失所，

富阳庙山坞黄公望隐居地

人命如蝼蚁般渺小且短暂易逝。黄公望的父母也在他年幼的时候就去世了。

八岁那年，元军攻陷了常熟，南宋的都城临安也在这年陷落，无依无靠的黄公望被过继给永嘉黄氏作为养子。当时黄老先生尚无子嗣，一直盼望能收养个儿子继承家业，但又怕收养不肖子毁坏声誉，千挑万选下看中了陆家的这个孩子陆坚，欣喜之余便向人说："黄公望子久矣！"于是将他改名为黄公望，字子久，这个名与字，传承了黄公一生的希冀与盼望。

黄公望天资聪颖，学习能力强，加上养父对其特意的栽培，使黄公望经史子集无不通晓，还通过了县里的神童科考试。

学而优则仕，是中国读书人的共同理想，自幼饱读诗书的黄公望也有出仕为官的想法。然而三年后，南宋的最后一支军事力量在厓山战败，陆秀夫背负八岁的幼帝赵昺跳海而死。新兴的元朝取消了科举取士的用人制度，并将国人分为蒙古人、色目人、汉人和南人四等。南人即原南宋统治下的汉人，地位最低，几乎毫无政治权力可言。黄公望属于南人，按规定不能为官，若想做官须先从小吏做起。

二十四岁时，由于才学出众，黄公望受浙西廉访使徐琰之邀出任文书小吏。浙西廉访使统管杭州、湖州、平江、松江，行署在南宋故都杭州。南宋虽早已灭亡，但皇城的规模仍在，杭州仍是东南地区的政治、文化中心，有一批前朝遗民隐逸于杭州西湖的湖光山色中，延续着诗词书画的文人生活。

在徐琰的提携下，黄公望进入了杭州的文人雅士圈中，徐琰还为他引荐了影响一生的老师——赵孟頫。赵孟頫，为宋太祖赵匡胤之子秦王赵德芳的第十世孙，宋朝灭亡后出仕元朝，到首都大都（今北京）时忽必烈赞赏其才貌，见之惊呼神仙中人，累官至翰林学士承旨。赵孟頫追求"古意"与"书画同源"的绘画理论，对黄公望有着深远的影响。

黄公望此期间还认识了同在徐琰府中充当幕僚的倪昭奎，他是"元四家"之一的倪瓒的哥哥，也是著名的全真道士。有一天，黄公望也许受到倪昭奎的影响，心血来潮换上了道袍，手持文书向长官徐琰奏事。徐琰看到黄公望身上的道袍，诧异地责怪他。黄公望不久后就请辞而去，遨游于湖海之间。

元至大四年（1311），黄公望四十三岁。他应江浙行省平章政事张闾之邀，再次出任为书吏，管理田粮赋税，却不想这一次出仕给他带来了灭顶之灾。

原来张闾是个大贪官，他便是元杂剧《窦娥冤》里地痞流氓"张驴儿"的原型。延祐元年（1314），元朝财政困难，张闾向元仁宗进言改革田粮赋税之计，获得仁宗支持，便任命张闾回任江浙行省平章政事，重新审查土地征税，史称"延祐经理"。黄公望亦随他重返南方经理田粮。

然而张闾表面是整理田粮，实际上却是搜刮百姓。他与各级官吏、地方富豪互相勾结，穷民无田却被指为有田、妄增亩数强征税赋，而富民却因贿赂官吏得以隐瞒田产，导致贫富不公、民不聊生，受害农民纷起而反抗，引发民变。翌年，张闾因遭指控逼死九人，被捕入狱。不久，身为书吏的黄公望亦被牵连下狱。

黄公望身陷囹圄时，在狱中借了纸笔，写了一首诗托人交给好友杨载，杨载随即到狱中探访黄公望，以相同韵脚和诗《次韵黄子久狱中见赠》回赠。

诗中，杨载写到辞官回乡隐居后，早晨躬耕田园，夜晚则休憩于陋室。他心疼黄公望被功名误了一生，以董卓聚敛珍宝于郿坞却遗臭万年来隐喻张闾，引韩信不受重用而夜走寒溪、庄子腰系无用的五石大瓠瓜过河等典故，盼黄公望挣脱名利的枷锁。

同年，元代举行了开国以来的首次科举考试，文名显赫的杨载应试并中榜为进士，授饶州路同知，黄公望只能在狱中悲叹造化弄人。

出狱后，黄公望已近五十岁，他通过杨载结识了时任松江知府汪从善，希望得到提携，但未能有结果。经历种种磨难，黄公望对仕途功名已意兴阑珊，为了维持生计，便在松江一带为人占卜算卦，浪荡江湖。

黄公望卖卜为生的三四年间，亲友旧识们仍会以绢纸邀画，但身心俱疲的黄公望已无心于此，故往往拒之，朋友们也多能体会并不责怪。黄公望之后有长达十几年的时间未作画，这段空白期也成为其绘画生涯上的一个分界。

大约在六十一岁时，黄公望与倪瓒同时加入了全真道，拜金月岩真人为师。在明师高士的提点之下，黄公望的道行突飞猛进，与师金月岩合力编著了三本丹书《抱一子三峰老人丹诀》《抱一函三秘诀》《纸舟先生全真直指》。

彻悟性理的黄公望，为了接引众生，依其师指示，在苏州的文德桥开"三教堂"，积极宣传全真道三教合一的思想。当时前来问难的高僧名士众多，精通三教博学多闻的黄公望一一回应，气定神闲、风骨傲然，众人莫不敬服，许多高僧和道士皆拜入门下学习。

在此期间，他的一位忘年交危素了解到黄公望早年的作画经历，特以家中秘藏的二十张宋代宣纸邀黄公望作画，多年未作画的黄公望竟久久未能动笔。沉思六年后，他终于重执画笔，为危素画了《秋山图》。这一年，他已经六十五岁。

停笔十多载的黄公望，积累的学养更加深厚，且多年云游四方，遍访名山大川，一改早期以古为师的画法，直以造物为师，笔锋富含元气，酣畅淋漓。入道后的黄公望不以其画博取声名富贵，而是以笔墨抒写内心云游山水之畅快，画成之后皆赠予爱画之友人。明代著名书法家董其昌评价道："寄乐于画，自黄公望开此门庭。"

"至正七年，仆归富春山居。"这是《富春山居图》上黄公望的跋文，那年黄公望已七十九岁高龄。由于索画之人渐多，为避免俗事应酬的纷扰，他最终决定归隐于仙境一般的富春江畔，于山间构筑一室曰"小洞天"。这是黄公望的乐事，也是"天下独绝"的富春山水的幸事。

这是黄公望的最后一个居所，明净的山水洗去黄公望这一世的尘染，焚香观烟，沏茶品茗，坐看山岚烟霭。黄公望与师弟道士无用在山中逍遥云游，每次见到殊异的景色、奇伟的林木，黄公望便会取出随身皮袋中的纸笔，驻足于美景中描摹写生，以保留景物刹那间的盎然生机。

当富春的山光水色一草一木皆了然于心，黄公望便

黄公望《富春山居图》首段《剩山图》

于南楼备好笔墨，在桌上徐徐展开七张长纸，将心中所感绘于图纸之上。先以淡墨画起，缓缓将远山近水细心勾勒于画上，气定神闲、不疾不徐。他曾说："古人作画五日一水，十日一石。"

时间如富春江水缓缓东流，三四年间反复增添笔墨，黄公望仍觉得不够完善，最后决定把画放入行李中，即使云游在外时也能随时取出勾画，希望能把富春江水富含灵性的真实样貌呈现纸上。师弟无用时常伴于黄公望身边，看着这张画从起草开始，历经了三四年。画中山石树木疏密有致，墨色或浓或淡，峰峰相连、云雾缭绕、水光接天，只觉心旷神怡。眼看即将成画，无用一时回忆起两人走访江河的点点滴滴，希望师兄黄公望在成画后把这幅画送给他。黄公望随口应允，然而无用却仍然不放心。

　　原来黄公望以作画为乐，并非以此谋生求名，只要好友索画便欣然相赠，深谙其性的师弟无用担心这幅经历多年辛苦而成的《富春山居图》被别人登先索求，或黄公望一时兴起赠予他人，便要求先在这幅未完成的画尾写上赠予无用。虽然一般画跋都是在成画后才书写，然而在师弟的坚持下，黄公望着实难以拒绝，便在至正十年（1350）时写下《富春山居图》上第一个跋文："无用过虑，有巧取豪夺者，俾先识卷末。"

　　画作完成四年后，至正十四年（1354）十月二十五日，黄公望逝世，享年八十六岁。他被以道家的仪式归葬故乡常熟，其墓至今仍在虞山西南麓白鸽峰下。可以说，《富春山居图》是他一生的总结。

三

　　道士无用仙逝后，这幅画经过一百多年的流传，辗转到了明代著名书画家沈周手中。

　　沈周得到《富春山居图》后爱不释手，时常于书房内反复展卷观之，仔仔细细地观察图面上的一草一木，并尽心揣摩黄公望的笔意，希望从中汲取绘画的技巧。

　　明成化二十三年（1487），沈周看原本画后的名辈跋文因年久坏损而脱去，心血来潮之下，决定请好友重新于画卷后方题跋。没想到当这张名画交给友人之后，却在友人家中不翼而飞。待人宽厚的沈周也没有追究，然而丢失名画令他怅然若失，魂不守舍。

　　不久后，沈周得闻有人正高价贩售黄公望的《富春山居图》，喜出望外，急急忙忙赶到画摊，索画一看正是自己所丢失的那幅。探听下得知，原来是被友人的儿子盗卖。沈周无心多想，只想把原画购回，然而对方索价甚高，自己实在没有足够的财力。看着这张原本属于自己的画，沈周心中只有无限感慨。

　　无力买回原画的沈周当下决定，再仔细看这张画最后一次。回到家中，这画中的种种仍萦绕于心，中秋团圆的氛围使沈周更加伤感，好似家人无法团圆一般，于是便提起笔墨，决定将这幅《富春山居图》以背临的方式，凭记忆画出，以缓解心中的忧思。擅于仿临前人作品的沈周，在原画的基础上融入了自己的技巧，并添上了色彩。这幅画后来也成了国宝，收藏于北京故宫博物院。

　　又经过了近百年，几经转手，这幅《富春山居图》传到了明代书画家董其昌手中。之后董其昌转卖给吴正

无双毕竟是家山

HANG ZHOU

志，骑缝印是吴正志所盖。清初顺治年间，画传给其子吴洪裕。他便是我们开篇那个"焚画殉葬"故事的主人公。

清乾隆十年（1745）的冬天，一件同样落着黄公望款、画风大体相同的"无用师卷"进入了清宫。乾隆拿到此作很是高兴，武断地将此作断为黄公望真迹，珍藏身边爱不释手，更在画作之上数十次题款，并且将之收在《石渠宝笈》中。

一年后，黄公望真迹"无用师卷"出现，皇帝秉烛夜看，非常震惊并作考证，最终为了维护自己的权威，故意将真迹断为伪作。同时以 2000 两黄金的重金将这件"无用师卷"买下，理由只有一条——画格秀润可喜，不妨并存；并题写了很长一段跋文，命大臣将之裱在黄公望"无用师卷"上。直到近代，国民政府点收北京故宫文物，故宫博物院发现黄公望曾在曹知白的《群峰雪霁》上题字，借由该字迹辗转证实"无用师卷"才是真迹。

另外一段的"剩山图"有王廷宾的题跋，说明当初吴洪裕火烧《富春山居图》的故事。民国初年曾流落民间，后来被上海吴湖帆收藏，并用篆字提了"山川浑厚，草木华滋"。图前韩葑题写的"富春一角"，意指现存者只是残留的一小部分。

随着光阴流转，世事变迁，"无用师卷"和"剩山图"分隔海峡两岸。多少国人希望这两幅残卷重新合璧，就像盼望两岸早日统一一样。这在 2011 年 6 月 1 日变成了现实。两本残卷在台北故宫博物院合璧展出。在万众瞩目之下，这幅见证了两岸同根、折射着同胞离合的不朽画作，以其历史性的"山水合璧"，深深激荡起两岸中华儿女共同的民族情怀。

这一天，距离黄公望在庙山坞封笔，过去了661年，距离两卷分离过去了360年。人世的沧海桑田，云起云落，都融入了这一纸富春山水中。如今，庙山坞改名为"黄公望国家森林公园"，其中建起了黄公望纪念馆，为人们讲述着这张旷世名作背后跌宕起伏的故事。

当我们走进黄公望故居，回想着当年那个耄耋老人悠游山水之间的洒脱，体会着他慨然赠画的超然，也许会明白中国古代山水画所体现的人文和生命境界，那是不屑功名利禄，看淡人间冷暖，唯求我心无悔的永恒追求。

参考文献

1.〔元〕陶宗仪：《南村辍耕录》，中华书局，2004年。

2.〔明〕宋濂等：《元史》，中华书局，1976年。

3.柯劭忞：《新元史》，上海古籍出版社，2017年。

4.朱良志：《南画十六观》，北京大学出版社，2013年。

5.［美］高居翰著，李渝译：《图说中国绘画史》，生活·读书·新知三联书店，2014年。

6.蒋勋：《富春山居图卷》，新星出版社，2012年。

风香药草春云暖：桐君山

"钱塘江尽到桐庐，水碧山青画不如。"从富阳顺富春江南下，不多久便来到了"中国最美县城"——桐庐。桐庐的名字，来自富春江与天目溪汇合处的一座小山。它临江而立，高不过 60 米，形如螺髻，与县城仅一水之隔，梁启超曾把他比作"峨眉之一角"。这座小山，便是桐庐的门户——桐君山。郁达夫在其名作《钓台的春昼》中如此描摹："依依一水，西岸便瞰视着桐庐县市的人家烟树。南面对江，便是十里长洲；唐诗人方干的故居，就在这十里桐洲九里花的花田深处。向西越过桐庐县城，更遥遥对着一排高低不定的青峦，这就是富春山的山子山孙了。"

一

"山不在高，有仙则名"，桐君山就氤氲着仙气。传说远在 4000 多年前，有一位老仙翁在山上采药、炼丹，并在山上的桐树下搭起了一间茅草屋。此人医术高明，经常给山下的老百姓治病，并且分文不收，当地人都非常感谢他。《浙江通志》记载："（桐君）山隈桐树下，枝柯偃盖，荫蔽数亩，远望如庐舍，或有问其姓名者，则指桐以示之，因名其人为桐君"，这座山也因而得名"桐

165

富春江畔桐君山

君山"。至于山下的小镇，便取"桐树下的草庐"之意，被称为桐庐。

关于桐君，有这么一个传说。很久很久以前，桐庐并不似现在的山清水秀，"两条江水蜡蜡黄，十年总有九年荒"。那年五月间的一场洪水过后，田荒地白，瘟疫弥漫，不出半个月，尸横遍野，许多老百姓背井离乡，留下的也人心惶惶。

就在这时候，一位满头白发、银须及胸的老人，在江边山上一棵梧桐树下搭了个茅庐住了下来。每天晚上，老人都在茅庐门口生起火来煎药，火焰熊熊，照亮了黑夜。而到了白天，他就给百姓治病，药到病除。因此，找他看病的人越来越多。

　　一天夜里，老人熬完药刚要躺下，迎面却走来一个奇怪的人，求他看病。老人像往常一样，先给这人搭起脉来。这一搭不要紧，老人顿觉此人脉搏有一下没一下很不正常。于是又看了看他的舌苔，黑黢黢的竟然像是块铁板。

　　老人心下想到："来者不善！"他不动声色，从腰里摘下葫芦，准备拔塞子取药。

　　这个怪人却一把夺过葫芦，厉声说道："老头，实话对你说，我就是瘟神！你我素无冤仇，你为什么要和我作对，逼得我无路可走？今天，我们把话挑明了，你若要我活不成，我也叫你死路一条！"

　　老人见葫芦被抢，又闻听此言，急忙上去一把抱住瘟神，要把葫芦抢过来。二人扭打起来，各不相让，向山脚滚去，直到双双掉进山脚下的深潭里，还紧紧抱在一起。

　　在他们滚下山的时候，老人的葫芦被石头撞开了一条裂缝，药味顺着裂缝弥散开来，直至江水之上。江水碰上这药味，顿时变得澄清起来，喝到嘴里凉丝丝的，竟比泉水还甘甜。老百姓们都来舀取这泓清水，喝下后病患自愈，瘟疫也由此消除。

　　从此以后，瘟神被压在水底动弹不得，人们过上了安居乐业的生活。为了纪念这位老人，大家决定为他建祠立碑，这座祠堂便是现在坐落于山上的"桐君祠"。

　　传说，桐君老人和瘟神在潭里都还没死，仍紧紧抱在一起，谁也不肯松手。岸上一有风吹草动，瘟神就要蠢蠢欲动，这时候桐君老人就要跟他进行一场搏斗。所以每年春夏之际，潭里就会出现一边水清一边水浑的景象，那就是桐君老人和瘟神又在水底下搏斗了。

其实，桐君在历史上是确有其人的，不过其真实姓氏与生卒年已无从考证。他是中国古代早期的药物学家，有关他的文献记载最早见于约在先秦时期成书的古史《世本》中。上古时代，湿热的南方多瘴气、瘟疫等，加之战火频仍，生灵涂炭。于是桐君奉黄帝之命，来到江南，寻医问药。他跋山涉水，以身试药，开展医学实践。他的成果被后人汇编成《桐君采药录》，成为有文字记载以来我国最早的药物著作之一。

桐君及其《桐君采药录》一直为后世医药名家所敬仰和推崇。明代医学家徐春甫在其著作《古今医统大全》中总结桐君的成就：识草木金石性味，定三品药物，以为君、臣、佐、使。因此，后人尊其为"中华医药鼻祖"，桐君山也成了"医药鼻祖圣地"。

二

与庙山坞一样，同属富春山水的桐君山自古就吸引着隐士的脚步。其中，隐居过此地最有名的是东晋时期著名雕塑家、琴家戴颙。

戴颙祖籍安徽亳州，他的父亲戴逵也是东晋著名的雕塑家、画家、琴家，被认为是"根雕之父"，戴颙大概就是遗传了其父的艺术天赋。每次父亲雕刻塑像时，他都会陪伴左右，共同思考，献计献策。

戴颙十六岁时，父亲去世，他因守孝几乎毁坏了身体，因而长年体弱多病。戴颙和兄长戴勃都从父亲那里学琴，父亲死后，所传授的乐曲他们不忍心再弹奏，于是各自创作了新曲，戴勃作了五部，戴颙作了十五部。戴颙又作了一部长曲，这些乐曲都流传于世。当时的中书令王绥曾带宾客去拜访他，戴勃他们正在吃豆粥。王绥说："我听说你们善于弹琴，想听一听。"戴勃他们没有回答，王绥怀恨而去。

当时的桐庐县有很多名山，兄弟两人一起去游览，因而留居下来。他们所居住的地方就在桐君山麓。后来戴勃生病，医药不足，戴颙对戴勃说："兄长现在病重，无法求治。我应当去请求官禄来接济我们。"于是上书朝廷请求担任海虞令。事情将要办成时，戴勃却去世了，于是就此作罢。

含泪安葬了兄长后，戴颙认为桐庐地处偏僻，难以养病，于是迁居到吴地定居下来。吴地读书人共同替他建房，搬运石头，开涧引水，栽植树木，不多时就长得茂盛繁密，就好像自然长成的一样。戴颙论述庄周精要的思想，作《逍遥论》，还注释了《礼记》的《中庸》篇。三吴守将和郡里士大夫邀请他一起野游。他如若能行走，就一定去，从不虚情假意，因此众人都赞美他。

后来，宋王刘裕任命他做太尉行参军、琅琊王司马属，他并未就职。等到刘裕建立了刘宋，又下诏说："前太尉行参军戴颙、辟士韦玄，保持隐逸节操，坚守志向，始终不渝，应该加以表彰，来弘扬隐逸谦让的美德。他们都适合在通直任散骑侍郎。"戴颙却依然没有赴任。

南朝宋元嘉二年（425），宋文帝下诏："新任通直散骑侍郎戴颙、太子舍人宗炳，都把志向寄托在山林田园，甘心住在茅屋，过简朴的生活。恬静的节操，长久不变。戴颙适合当国子博士，宗炳适合作通直散骑侍郎。"东宫刚刚建造时，戴颙又被征召为太子中庶子。元嘉十五年（438），他又被征召为散骑侍郎。然而，朝廷屡屡征召，戴颙却毫不动心。

衡阳王刘义季镇守京口时，长史张邵与戴颙结为亲家，迎请他住在黄鹄山。山的北面有竹林和精致的房屋，竹林和溪涧都很美，戴颙就在溪涧边住下来。刘义季屡次跟从他游玩，他还是穿他的村野服装，不改变平常的习惯。他替义季弹琴，琴曲都是他新作或改编的曲子，其中三种曲调《游弦》《广陵》《止息》，都与世间已有的不同。

宋文帝每次想见戴颙的时候，就对黄门侍郎张敷说："我巡视东方的那一天，一定要在黄鹄山宴请戴公。"因为他喜好音乐，宋文帝长期供应他一部正声伎（指清商三调，包括平调、清调、瑟调）。

戴颙的父亲戴逵特别善于制作佛像，戴颙也参与其中。宋世子在瓦官寺用铜铸造一丈六尺高的佛像，已经铸成，嫌铜像面太瘦，工人不能重新修治，于是迎请戴颙来看看。戴颙说："这不是脸面瘦小，而是臂胛肥大罢了。"磨减臂胛以后，佛面瘦小的毛病就消除了。众人无不叹服。

戴颙的好朋友江夷曾反复委托戴颙造塑一尊观世音菩萨圣像。戴颙绞尽脑汁，要把佛像塑得尽善尽美，然而总不能如愿，每次塑造都有不圆满的地方。以至于几年时间，都没能完工。后来有一次做梦，梦到神人指点：雕塑不成，不是你工艺不行，而是江夷与观世音菩萨没有缘分，你可以改塑弥勒菩萨。

戴颙醒来，赶忙写信给江夷。还没等把信发出去，江夷的信却到了，原来他也做了同样的梦。戴颙见有感应，非常欢喜，于是改塑弥勒。随手拈来，触手成妙。并不费什么工夫，就已雕塑完成，且光颜圆满，大家都极赞叹仰慕，就将这座像供奉在会稽（今浙江绍兴）龙华寺内。

元嘉十八年（441），戴颙去世，时年六十五岁。后来园林景阳山修成时，宋文帝叹息道："遗憾的是不能让戴颙来观看啊！"

《桐庐县志》记载"颙隐居所，在县东二里九田湾"。因慕其高名，后人将脉地坞所靠山命名为戴山。脉地坞戴颙隐处至今尚依稀可寻，戴颙凭借其一生的艺术造诣和隐逸精神，成为富春境内继严子陵后又一隐逸文化的代表。

三

山水育诗情。以桐君山为代表的桐庐山水滋养出了一代又一代的文人墨客。晚唐诗人罗隐便是其中的杰出代表。

罗隐（833—910），字昭谏，号江东生，新城（今富阳区新登镇）人。其貌不扬，"乡音乖剌"，却又恃才傲物，因而不为公卿所喜。薛居正《旧五代史》中有这样一则记载："（郑）畋女幼有文性，尝览隐诗卷，讽诵不已，畋疑其女有慕才之意。一日，隐至第，郑女垂帘而窥之，自是绝不咏其诗。"可见在世俗之人看来，颜值的意义要远高于才华。这也一定程度影响了他后来的科举生涯。

传说罗隐还是秀才的时候，有一天来到桐君山。他觉得口很渴，就走到一口水井边上。正想舀水喝，却被一个人拦住了："哎，你要做啥？"

桐君山风光

罗隐忙说:"我想喝口水,解解渴。"

那人道:"口渴?山脚下的江水尽由你喝,这井里的可是仙水,不能随便喝的!你要是一定要喝,五个铜板拿来,我就给你一碗水。"

罗隐身无分文,就恳求道:"我身上确实没有钱,你就当做做好事,送我一碗吧,哪怕半碗也行。"

那人一听罗隐没钱,顿时拉下脸来:"去去去,没有钱还想喝这仙水,到山下喝去,瞧你这穷酸相!"

罗隐听罢,知道多说无益,又气又无奈地走了。

罗隐离开桐君山,沿着分水江往北走了二十里路,到了横村埠。横村埠后面有一座比桐君山高很多的独山,从山脚到山顶要走九百九十九级石台阶。独山顶有座庙,香火很旺,可是山上没有井水,用水都要到山下去挑。

罗隐一路爬到半山腰，突然看见路边歇着一个挑水的后生。于是走上前去，说："这位小兄弟，我口干舌燥，你的水可否让我喝一点？"

后生爽快地说："先生请便。"可是一没有瓢，二没有碗，怎么喝呢？挑水的后生又说："先生就把水桶抱起来，嘴巴贴到水桶口上，喝个饱吧。"

罗隐口渴难忍，也顾不得什么斯文了，急忙蹲了下去，双手搬起水桶，嘴巴贴了上去。不想脚底一滑，"嘭"的一下，水桶翻了个跟头。等罗隐爬起来去抢，已经来不及了，一桶水哗啦啦流了个精光。罗隐心想，这下闯祸了，连忙道歉。

挑水的后生却只是笑了笑："不打紧，我再去挑好了。"

罗隐连忙说："真不好意思，剩下的这桶水我和你一起抬上去吧。"

他俩把水抬到山顶上，罗隐已经累得满头大汗，后生找来一只瓢，对他说："喏，喝点水，凉快凉快。"

罗隐牛饮一般地喝完水，心里非常感激，说道："小兄弟，你真是个好人，这样挑水太辛苦了，若是能让桐君山的水流到这里来多好！"

话音刚落，只见身旁的桂花树边突然"吱吱吱"地冒起水来，后生上前拿锄头一挖，果然挖出一泓清泉。于是，他俩就在这里凿了口井，井水清冽甘甜，四季不涸。从此，独山之上便有了水，可桐君山却一滴水也没有了。

离开桐庐后，罗隐开始了科举和漫游的生涯。可惜他先后十次赴京城长安考科举，却皆未中第，这也让他原本就穷困的生活雪上加霜。

困居长安期间，潦倒的罗隐写下了著名的杂文小品集《谗书》。他以儒家理想的社会形态来衡量现实，痛斥现实背离儒家之道，对当时社会进行了深刻的揭露和批判。

唐光启三年（887），已经五十五岁的罗隐终于东归家乡，投靠杭州刺史钱镠，受到钱的器重，担任钱塘令，拜著作佐郎。虽然做了官，罗隐那份狂傲却依然没有改变，不过宽宏的钱镠也不以为意。

或许是因为阅尽世间艰辛，罗隐的诗文多讽喻现实，辛文房在《唐才子传》中说他"诗文凡以讥刺为主，虽荒祠木偶，莫能免者"。就如他著名的绝句《蜂》所写："不论平地与山尖，无限风光尽被占。采得百花成蜜后，为谁辛苦为谁甜？"

有一年的秋天，罗隐行舟于富春江上，感慨万千，赋诗一首："远岸平如剪，澄江静似铺。紫鳞仙客驭，金颗李衡奴。冷叠群山阔，清涵万象殊。严陵亦高见，归卧是良图。"（《秋日富春江行》）后梁开平三年（909）十二月，罗隐以七十七岁的高龄在杭州去世。虽然他半生颠沛，但最终还是得以"归卧"故里，融入这富春山水，也算是一种幸运了。

如今，攀上桐君山，就可以看到慈眉善目、笑眯眯地看着我们的桐君老人塑像。他背依桐君山，面朝富春江，肩挂药葫芦，后背箬叶帽，仿佛千百年前那位济世救民的老中医站在了我们面前。以中华医药、隐逸精神为代表的传统文化在这座山交相辉映，更增添了其独特的魅力。

仁立桐君山头，俯瞰澄清江水，眺望桐庐县城，心中不禁想起山中摩崖石刻上留有的元俞颐轩的一首五绝："潇洒桐庐郡，江山景物妍。问君君不语，指木是何年。"

参考文献

1.〔明〕徐春甫：《古今医统大全》，人民卫生出版社，1991 年。

2.〔南朝梁〕沈约：《宋书》，中华书局，2018 年。

3.〔宋〕王谠：《唐语林》，中华书局，2007 年。

4.〔宋〕薛居正：《旧五代史》，中华书局，2015 年。

5.中国人民政治协商会议浙江省桐庐县委员会办公室编：《桐庐文史资料》，1989 年。

清风千古与台高：严陵山

去桐庐县城南 15 公里，秀峰连绵，山环水抱，层层如画，曲曲如屏，是富春江山川最秀丽的地方，被称为富春山。在富春山的半山腰，两座高约 70 米、相距 80 多米的磐石东西对峙，宛若两个巨大的平台，俯瞰着碧绿的江水。传说，东汉时期的名士严子陵曾隐居于此。因而，富春山又名严陵山。

一

严光，字子陵，曾与汉光武帝刘秀同学。刘秀建立东汉后，知道他的能力，令人寻找严子陵。但是光有名字不好找，于是，光武帝召集了宫廷的一流画家，描绘出严子陵的容貌，直到画得形神毕肖，自认为满意后，便复制了许许多多份，颁发天下，让各地官吏负责寻找严子陵。可是，过了许久仍杳无音信，汉光武帝十分焦虑。

严子陵到底在哪里呢？原来，严子陵看到刘秀打下了天下，知道定会封他做官，可是他生来厌恶名利场，不愿享受朝廷俸禄。于是，他隐姓埋名，在富春山中过起了隐士的生活。一天到晚，垂钓于溪水之中，怡然自得。

有一天，一个农夫上山砍柴，又累又渴，便到河边喝水，看见一人独自坐在河边钓鱼。他越看越觉得这个钓鱼人面熟，回到镇上，看到集市上张贴的画像，农夫才明白，山中的钓鱼人就是刘秀下重金寻找的严子陵。农夫顾不得一天劳累，扔下柴火，飞一样跑到衙门，把此事报告了县令，农夫也因此得到了奖赏。

县令于是上书光武帝说："我发现我们县里有一个人，身披着羊皮大衣，在富春山溪水边钓鱼，长得很像严子陵。"刘秀立即命官吏备好车马，装上优厚俸禄，想把严子陵请出富春山，来为自己效力。然而官车去了又回，均无多大收获。

这天，官吏又一次来到富春山，严子陵对他们说："你们认错人了，我只是普通的打鱼人。"使者这一次

严子陵钓台

不管他怎么解释，硬是把他推进了官车，送他到了京城。

侯霸与严子陵曾是旧时好友。此时的侯霸已今非昔比，做了大司徒。他听说严子陵已到皇宫，就让下属侯子道给严子陵送去一封书信，表示对严子陵的问候。

一见严子陵，侯子道恭恭敬敬地把信递了过去。严子陵接过信，粗略扫了一眼，便放在了桌子上。侯子道以为严子陵因为侯霸没有亲自看望而不愉快，忙又说道："大司徒本想亲自迎接您，但是因为公事繁忙，一刻也脱不开身。晚上，他一定抽空登门拜访，请严先生写个回信，也好让我有个交代。

严子陵想了片刻，命仆人拿出笔墨，让侯子道替他写封信。信中说："君房（侯霸字君房）先生，你做了大司徒，这很好。如果你帮助君王为人民做了好事，大家都高兴；如果你只知道奉承君王，而不顾人民死活，那可千万要不得。"

侯子道请他再说些什么，严子陵没有说话。侯子道自讨没趣，只好回到了侯霸那里。

侯霸听完侯子道的话，面有愠色，觉得严子陵不把他这个大司徒放在眼里。于是把严子陵的一番话，报告了光武帝刘秀。谁知，刘秀却笑着说："我了解他，他就这驴脾气。我去看看他。"

于是，刘秀当天就前去看望严子陵。皇帝亲自登门，这可是件大事，得亲自远迎才对。可严子陵根本不理，躺在床上闭目养神。刘秀进来后，看到他这副样子，并不恼火，只是走过去用手轻轻地拍了拍严子陵的肚子，亲切地说："你难道就不念旧情，不肯助我一臂之力吗？"

严子陵说："人各有志，你为什么一定要逼我做官呢？"

刘秀听后，长长地叹了口气，失望地走了。

又一天晚上，刘秀与严子陵叙旧。刘秀问道："我比从前怎么样？"

"嗯，小有进步。"严子陵不慌不忙地回答道。

刘秀笑而不语。那晚，二人同榻而眠，严子陵故意大声打呼噜，并把腿压在刘秀身上，刘秀却毫不介意。

第二天早上，太史惊慌地来汇报："皇上，昨晚微臣观察天象，发现竟然有一客星冲犯帝星。望皇上明察。"

刘秀呵呵一笑，轻描淡写地说："没啥大不了，昨晚我和严子陵在一起。"

后来，刘秀封严子陵为谏议大夫，他却死活不肯上任，最终刘秀无奈，只能放他回去。于是，他仍旧回到富春山中过他的隐士生活，种种地，钓钓鱼。

建武十七年（41），刘秀又召严子陵入宫，严子陵再一次拒绝了。八十岁那年，严子陵在家中逝世。光武帝很伤感，下诏赐钱百万、谷千斛，将其葬于富春山。后人为纪念他，将富春山称为"严陵山"，又称他在富春江垂钓的地方为"严陵濑"，他垂钓蹲坐的石头就成为"严子陵钓台"。

严子陵不慕名利，寄情山水，其深远境界，其高风亮节，成为后世士人的表率。

北宋明道二年（1033）十二月，范仲淹等谏官因为反对皇帝废后，都遭到不同程度的贬谪，范仲淹被贬守睦州（辖今杭州桐庐县）。这位因为那句"先天下之忧而忧，后天下之乐而乐"而家喻户晓的北宋政治家，与高风亮节的严子陵产生了共鸣。

到达睦州后，范仲淹仰慕严子陵，于是在"严陵濑"旁建了子陵祠，以纪念他，同时也鞭策自己。

祠堂建好之后，范仲淹写了一篇《严先生祠堂记》，并请他的好友李伯泰帮忙修改。李伯泰读完文章，说道："你的文章中有四句：'云山苍苍，江水泱泱。先生之德，山高水长。'这里应该改一个字更为贴切。"他还约定如果范仲淹三天之内想不出改哪个字，就在钓台上请他喝酒，由他来改。

范仲淹苦思冥想却不得要领，三天之后，只得准备了酒菜，与李伯泰在钓台之上谈古论今。酒酣耳热，一阵清风徐徐拂来。李伯泰故意高喊："好风！好一个钓台之风！"范仲淹听了，猛然醒悟，大声说："风！好一个先生之风！"于是就有了后来的诗句："云山苍苍，江水泱泱。先生之风，山高水长！"

把品德的"德"字改成风范的"风"字，不但"风范"比"品德"表示的意蕴更加宽泛、全面一些，而且能更好地显示出严子陵藐视功名富贵、超凡脱俗的精神风采。范仲淹不禁连连称赞："改得好，改得好！"并将李伯泰奉为一字之师，成为一段佳话。

又有一次，范仲淹行船经过严子陵祠下，正好碰上当地一年一度的祭祀大典。锣鼓喧天，彩旗飘扬，众人唱着《满江红》迎神，有这样的词句："桐江好，烟漠漠。波似染，山如削。绕严陵滩畔，鹭飞鱼跃。"

范仲淹听了很有感触，说道："我不擅长音律，但我也要撰一绝句送神。"于是写下一首七绝："汉包六合网英豪，一个冥鸿惜羽毛。世祖功臣三十六，云台争似钓台高。"意思十分直白。东汉大地，各路英豪纷出，东汉王朝网罗了大批人才，可是，就有这么一个人，一个怀有宏图大志却不愿为官的人，他真是爱惜自己的羽毛。他选择了纵情山水，这高高的钓鱼台，就是他的灵魂所系。

范仲淹去世后，王安石在《祭范颍州文》中称范仲淹"呜呼我公，一世之师。由初迄终，名节无疵"。南宋朱熹称颂范仲淹为"天下第一流人物"。范仲淹用其一生实践了他所仰慕的严子陵那般的高风亮节。

三

严子陵钓台的对面，有一座相对峙的磐石。钓台因为在东，被称为"东台"，相对的那座被称为"西台"。相对于"东台"，"西台"似乎寂寂无闻了很多年，直到元朝至元二十八年（1291）的一天。

这天，一名叫作谢翱的文人与友人相约登上这座石台。他来到此地只有一个目的——祭奠民族英雄文天祥。

谢翱是福建人。南宋德祐二年（1276）二月，元兵占据临安。五月，宋端宗在福州即位，改元景炎。面对摇摇欲坠的大宋江山，文天祥临危受命，以右丞相职任枢密使同都督诸路兵马。他欲挽狂澜于既倒，传令各州

严陵江畔

郡举兵勤王。时年二十八岁，虽应试不第却颇有诗名才气的谢翱，做出了一个惊天动地的举动——"毁家纾难"。他将祖产全部变卖，用以招募乡兵数百人，赶往南剑州（今福建南平市），投奔文天祥帐下。

文天祥十分赏识他，任命他为谘议参军，朝夕相处，共商大事。有两年多的时间，他跟随文公转战闽、粤、赣，抗击元军。在此期间，曾有过一线胜利的曙光，但毕竟杯水车薪，南宋灭亡的命运已无法扭转。后来文天祥败退，途中在赣州章水之滨授命谢翱离开队伍，并解下一方端砚赠送给谢翱。不久，文天祥便兵败广东五坡岭被俘。元至元十九年十二月八日（1283 年 1 月 9 日），被囚禁数年却始终坚贞不屈的文天祥从容就义。

至元二十二年（1285），杨琏真加盗掘绍兴宋六陵，将高宗、孝宗、光宗、宁宗、理宗、度宗六代帝王的骨骸弃置荒野，谢翱与唐钰、林景熙等人暗中取回骸骨，葬于兰亭附近的天章寺北坡。

不知当年文天祥是不是因为爱惜谢翱的才华，不忍他跟随自己走慷慨赴难之路，才做出让他离开队伍的决定。此后的近二十年光阴里，谢翱对文天祥高尚的人品及两人间友谊的深切怀念，对文天祥遇难的万分苦痛和对故国所抱的无限眷恋，成为他诗文创作中的主旋律。

谢翱胸中的悲痛不得不发，于是就有了之后的"三哭英灵"。第一次哭灵是在辗转浙江的三年之后，经过苏州，"望夫差之台而始哭公焉"，因为苏州吴县是文天祥授命危难之际的办公府治所在地。第二次哭则是在文天祥殉国之后的第四个年头，"复哭于越台"。越台为春秋时越王勾践所筑，文天祥当年为抗击元军屡经此地，被俘北上时，曾登台写下《越台诗》，以卧薪尝胆矢志复仇的勾践自勉。

五年后，时值文天祥死难八年，谢翱和好友数人星夜从富春江乘船，经严子陵钓台登上西台，在荒凉的西台上设位祭奠，放声恸哭。这著名的"三哭英灵"，留下了一篇垂名青史的《登西台恸哭记》。

文中如此描述祭拜的场景："谒子陵祠……登西台，设主于荒亭隅，再拜跪伏，祝毕，号而恸者三。复再拜，起。……复东望，泣拜不已。有云从西南来……若相助以悲者，乃以竹石如意击石，作楚歌招之曰：'魂朝往兮何极？暮归来兮关水黑，化为朱鸟兮有咮焉食？'歌阕，竹石俱碎，于是相向感唶。"

由于当年的异族统治，谢翱哭英烈却不敢直书文公姓名，不能明言文天祥的功绩，只能借唐朝安史之乱时期至死骂贼的颜杲卿和死守睢阳的张巡隐晦地表达。这种隐晦是在高压下形成的，因而它也最能唤起被侮辱、被迫害者的共鸣，其感人至深的艺术效果，往往是那种直白浅露的文字难以比拟的。读过此文，我们能强烈感受到文天祥惊天动地的壮举和青史永垂的伟业，也深刻体会到谢翱如富春江水般的满腔愤恨。谢翱登上此台，应该也有效仿严子陵，从此隐居不仕，唯留故国在心中的意味吧。

四年后，谢翱因肺疾复发，于桐庐离世，年仅四十七岁。其友方凤、吴思齐等人遵照谢翱生前的嘱托，于次年将他移葬严子陵钓台南面的白云源。

如今的西台，与东台相比，人迹罕至，冷清许多。也许是因为严子陵钓台名气太盛，掩盖了西台的动人心魄吧。可是，谢翱"毁家纾难"的坚毅与不忘故国的气节就与那刻在西台石碑上的《登西台恸哭记》一般，流芳千古，无法磨灭。

时光流转，沧海桑田，"天地有正气，杂然赋流形"。从严光、范仲淹再到谢翱，两座高台和这一江春水共同见证了这一脉相承的品格与气节。这是一种"富贵不能淫"的清高，这是一种"威武不能屈"的坚韧，这是一种"虽千万人，吾往矣"的勇武，这种精神代代相传，亘古不变。

参考文献

1.〔南朝宋〕范晔：《后汉书》，中华书局，2000 年。

2.〔元〕脱脱等：《宋史》，中华书局，1985 年。

3.〔宋〕李焘：《续资治通鉴长编》，中华书局，2004 年。

4.〔明〕田汝成：《西湖游览志余》，上海古籍出版社，1998 年。

乌龙岭下战尘生：乌龙山

从桐庐沿着富春江一路往西南溯江而上，便可到达建德境内的新安江。在新安江与富春江的交汇处，一座山石乌黑、山体巍峨、蜿蜒如龙的山脉拔地而起，高临江岸，东西绵亘五六十里，最高处海拔 916.6 米。这便是建德的门户——乌龙山。建德古称严州，乌龙山是严州府的镇山，它的山脚下是著名的梅城古镇。

一

关于乌龙山的来历，有一个与有名的致中和五加皮酒相关的故事。传说当年有一位姓致名中和的青年，为人厚道，并有一手祖传酿酒的手艺，有一天，中和挑着酒担到江边叫卖，从一条乌龙手里救下了一条小龙。那条乌龙死后，便化成了乌龙山。这条小龙是海龙王的五公主，叫"佳婢"。为了报答中和的救命之恩，她与中和结为夫妻，共同酿酒。佳婢在酒中加入几味中药，酿出美酒。这酒不但味美，还可以帮助这一带的渔夫祛风湿、舒经络，广受欢迎。夫妇俩给酒起名"致中和五佳婢酒"，世代相传。后人忘记了"致"是姓，"佳婢"是五公主的名，讹传成"致中和五加皮酒"，此名沿用至今。

梅城古镇

　　建德人常说，乌龙山有九十九座寺庙。而今，乌龙山上的绝大多数寺庙都已倾圮，留存至今且最为有名的，当属玉泉寺和乌龙广济庙了。

　　玉泉寺始建于唐贞元年间（785—805），距今已有1200多年的历史。玉泉寺所在的地方因为有块酷似佛像的奇石而得名。玉泉寺旁有一口泉水，冬夏不竭，故名玉泉寺。贞元十年（794），净土宗五祖少康大师云游至此，见山间的这块奇石，就因形而雕刻成一尊佛像。之后，常有人前来烧香朝拜，据说能祛病消灾。

　　少康大师在州城内外不遗余力地弘扬净土佛法，石佛之名声也迅速地传播开来，乌龙山玉泉寺也成了净土宗五祖少康大师的弘法道场。

　　玉泉寺中有一尊石佛，为天然石笋凿成，故本地人又称玉泉寺为石佛坞。从寺门南望，城东的北峰塔和城南的南峰塔双塔并立，山峦起伏，犹如莲花开瓣，双塔高耸其间，犹如亭亭玉立的莲蓬，十分美丽。明人有诗云："石佛山岩古，茅堂秋草深。流云栖塔顶，飞絮贴禅心。高阁悬灯在，危萝碍日沉。乘间一登眺，留此壮云林。"

玉泉寺历代多有兴废，明末毁于兵火，清咸丰时（1851—1861）又毁于战火，光绪八年（1882）才又重建。

从玉泉寺西行，来到乌龙山脚下，便看到了乌龙广济庙，简称乌龙庙。乌龙庙是祭祀乌龙山的主神乌龙王的主殿，坐落在山脚之下，为上山必经之处，原有十多进，是旧时严州最大的庙宇。

据南宋《严州图经》记载，乌龙王姓邵名仁详，字安国，唐贞观年间（627—649）人。相传邵仁详曾隐居乌龙山修习《道德经》，深得其奥妙。有一天，邵仁详在城里遇到一位姓何的巫师在大庭广众之下虚言祸福，大施骗人之术。他就用一根木头，挑着两块巨石，不声不响地来到何巫师跟前。邵仁详放下担子，把那根木头插在地上，不一会儿，那根木头居然长出了枝叶。何巫师被惊得目瞪口呆，灰溜溜逃走了。

当时的建德县令周光敏是个深信巫师、不为民办实事的恶官，他反而认为邵仁详的这种做法会祸害县民，就把邵仁详抓了起来，乱棍打死了。

邵仁详死后三日，周光敏白天坐在衙门的书斋里，忽然惊倒在地上，大呼三声"处士来了"，随即死去。建德百姓本就痛恨周光敏的所作所为，他这一死，正合人们心意。同时，大家觉得邵仁详有灵异，于是在乌龙山麓为邵仁详立庙以祀，这就是乌龙庙。

二百多年后，到了后梁开平元年（907），邵仁详被封为贞应王。又一百多年后的北宋熙宁八年（1075），邵仁祥被封为仁安灵应王。

南宋绍兴十三年（1143），朝廷为乌龙庙赐额"广济"，广济乌龙庙之称始于此。

南宋淳熙年间（1174—1189），著名诗人陆游出任严州（治今浙江建德）知州。有一次，陆游游乌龙庙，写下了《严州乌龙广济庙碑记》，他在碑记中说："严州乌龙山广济庙之神曰忠显仁安灵应昭惠王，旧碑以为唐贞观中人，姓邵氏，所记甚详。虽幽显殊隔，不可尽质，然神灵动人如罗池，变化不测如颖上，历数百年未尝少替。而朝廷之所褒显，吏民之所奉事，亦犹一日……"

元朝末年，朱元璋与陈友谅大战于鄱阳湖，得乌龙神兵相助，从而朱元璋以少胜多，战胜了陈友谅，成为洪武皇帝。朱元璋当上皇帝之后，封邵仁祥为乌龙山神，从此，邵仁祥成了严州的护境之神，民间则称之为"护境王"，历任严州官员到任之后，都要首先去乌龙庙拜谒，祈求庇佑。

二

北宋宣和二年（1120）十二月初，一支农民起义军以迅雷不及掩耳之势攻下乌龙山下的梅城。这支起义军的首领是睦州青溪县（今浙江省淳安县西）人，名叫方腊。

当时宋朝统治者穷奢极欲，人民终岁劳苦，不得一饱。江浙地区还遭受花石纲的掠夺，宋统治者对辽夏贵族岁奉财物，屈辱求和。

方腊原本是漆园主。他性情豪爽，深得人心，能号召很多生活困苦的农民。宣和二年（1120）十月初九，方腊率众在青溪县起事，假托"得天符牒"，他向大家说道："现在天下赋役繁重，官吏侵夺渔猎，农桑不足以供应。我们这些人所赖以为生的不过漆楮竹木罢了，又都被拿走了，没有给我们一分钱。而且朝廷除了声色、犬马、土木、祷祠、甲兵、花石糜费之外，每年送给西夏和辽国的岁币银绢以百万计，这都是我们这些东南赤子的膏血啊！我们这些老百姓一年到头十分勤劳，却让妻子儿女忍饥挨饿，你们觉得这是为什么？"

青溪的农民听到方腊的话，纷纷响应，起义军人数迅速到达万人，其军尊称方腊为"圣公"，改元"永乐"。

十一月二十二日，方腊起义军在青溪县息坑（今浙江淳安西）全歼两浙路常驻官军五千人，兵马都监察颜坦被杀，起义军继续攻陷青溪，俘获县尉翁开。十二月初，克睦州（辖今浙江淳安），又下歙州（今安徽歙县），直趋当时作为花石纲指挥中心的杭州。处州霍成富、陈箍桶等人皆加入战局，衢州摩尼教的组织亦起兵响应。方腊起义军在极盛之时建立了包括今江苏省、浙江省、安徽省、江西省在内的六州五十二县的政权。

十一月二十九日，方腊起义军攻入杭州，杀死两浙路制置使陈建、廉访使赵约，后掘刨蔡京父祖的坟墓。这时起义军中的太学生吕将建议，先进兵江宁府（今江苏南京），据长江天险，以阻止官军过江。方腊不听，准备进攻婺州（今浙江金华）、衢州。

震惊不已的宋徽宗下令停运花石纲，又以童贯为江浙宣抚使，谭稹任两浙路制置使。宣和三年（1121）正月，童贯与谭稹分兵两路，分别向杭州和歙州（今安徽歙县）进击，预计在睦州（辖今浙江淳安）会合。

同月，方腊派遣方七佛北上，攻陷崇德县，进入湖州境内，与宋军激战。方七佛战败，退守杭州。这时，方腊攻下婺、衢二州。二月，方七佛部粮尽援绝，被迫退出杭州。三月，方七佛再次进攻杭州，却大败于城下，撤退途中再败于桐庐。

这成为整个战局的转折点。不久，宋军刘镇部攻陷歙州，刘光世部收复兰溪县，王禀部收复青溪县，郭仲荀部收复上虞县。四月初二日，官军攻下衢州，摩尼教教主郑魔王被俘。童贯以中军驻守杭州。此时方腊残军尚有二十万，逃入帮源洞，深据其中，官军不敢贸然进入。

宣和三年（1121）四月二十四日，官军发动总攻击。王渊的裨将韩世忠，也就是后来抵抗金军的著名将领，潜行青溪溪谷，向一妇人问路，前捣青溪帮源洞，生擒方腊。方腊及其相方肥等五十二人被俘，七月方腊被送往首都汴京（今河南开封），八月二十四日被杀害。

方腊残军散走浙东，五月，方腊部将俞道安自温州永嘉县楠溪攻占乐清县，被宋军郭仲荀与姚平仲围剿，宋军姚平仲部攻陷台州仙居。六月，方腊部将吕师囊转战黄岩，被宋军折可存部击灭于断头山。七月，俞道安部转战处州，十月战死于永康县山区。至此，方腊起义完全失败。

根据《浙江地图册·建德县图》的记载，梅城"镇东有方腊点将台，乌龙岭相传为方腊起义军与官军激战的地方"。梅城是当时睦州府的州治所在地，它背靠的乌龙山则成为两军对垒的战场，见证了这段荡气回肠的历史。

乌龙山

三

　　乌龙山一带历史文化积淀深厚。中国著名的古典小说《水浒传》《金瓶梅》《儒林外史》《官场现形记》等都曾描述过这里的人文山水。其中，尤以四大名著中的《三国演义》和《水浒传》着墨最多。

　　《三国演义》中，东吴大帝孙权的母亲吴国太便是梅城人。她才貌双全，早年就失去了父母，和弟弟吴景住在一起，后来嫁给孙坚。孙坚长年在外征战，吴夫人带着子女们在娘家居住。吴夫人是一个很有见识的人，教子有方。孙权兄弟后来能立国成大业，和吴国太的教育有方是分不开的。遥想孙权当年攀登上乌龙山峰，眺望远方、年少志昂，指点江山，是何等的意气风发！东吴黄武四年（225），驻守在乌龙山下的建德侯孙韶又沿着族叔孙权的脚印，在乌龙山上筑寨屯兵把守咽喉要塞，以图东吴大业永固。

　　《水浒传》则是有两回的内容直接与乌龙山相关。分别是第九十六回《卢俊义分兵歙州道，宋公明大战乌龙岭》和第九十七回《睦州城箭射邓元觉，乌龙岭神助宋公明》。

前文已经写过，历史上的方腊起义是被官军镇压的。而《水浒传》为了渲染悲剧气氛，文艺化地在结局安排了两大起义军的自相残杀，惨烈异常，多名好汉折损在这里。正所谓："七里滩头鼓角声，乌龙岭下战尘生。白旄黄钺横山路，虎旅狼兵遍歙城。"这是宋公明攻入方腊大本营青溪帮源洞前的最后一战。梁山主力悉数出动。

梁山水军首先和方腊水军交火，阮小二自杀身亡，技术军官孟康被火炮爆头，惨死。梁山水军失利，宋江打算正面强攻。宋江爱将解珍、解宝兄弟攀爬上乌龙山的峭壁悬崖，当侦察到关隘山寨灯光闪闪之际，被方腊守军发现，被挠钩搭住背项后于十丈高岩上摔下，死于非命。

宋江率领众将攻上乌龙山北坡岭关隘时，正好撞着率兵驻守乌龙岭的国师邓元觉，两军渐近，恶战即开，邓元觉出马挑战，直扑宋江马前时，却被宋江悍将花荣弓开满月，飕的一箭，坠马而亡。随后乌龙岭上的激战，又折损吕方等多名头领，而最后宋江借助了乌龙神邵仁祥的庇佑，才打败方腊之兵，夺下乌龙岭。

这当然是小说家之言。不过乌龙山因为其地势，成为进入浙江西南地区的门户，古往今来，见证了诸多刀光剑影。元至正十八年（1358），朱元璋的外甥、大将李文忠会同邓愈、胡大海由徽州（今安徽黄山）进入浙江，从元朝军队手中夺得严州府（治今建德梅城），并在乌龙山击溃苗帅杨完者，收降其旧部三万多人。

李文忠后来镇守严州府长达十年，可以说李文忠三十年的征战生涯中有三分之一是在严州度过的。他在镇守严州府时，重筑了府城，使百姓免受张士诚军的侵扰。

如今，伫立在乌龙山脚下的梅城澄清门前，仿佛依然可以听见战场的鼙鼓声，仍可以看见李文忠叱咤战场的身影。

如今，站在修葺完善的千年梅城古镇，仰望着它身后这座被《水浒传》彰显、被历史铭记的乌龙山，总不免触景生情，让人感慨岁月的流逝、世事的变迁。北宋景祐元年（1034）春，范仲淹前往睦州赴任知州时路过这里，写下了《萧洒桐庐郡》的第一首绝句："萧洒桐庐郡，乌龙山霭中。使君无一事，心共白云空。"或许，我们应该向范仲淹学习，把目光放得长远些，让心境随着这巍峨的山、澄明的水逐渐豁然，去细细品味山水中所蕴藏的历史与文化内涵。

参考文献

1.〔南朝梁〕慧皎等：《高僧传合集》，上海古籍出版社，2011 年。

2.〔宋〕叶绍翁：《四朝闻见录》，中华书局，1989 年。

3.〔元〕脱脱等：《宋史》，中华书局，1985 年。

4.〔明〕陈邦瞻：《宋史纪事本末》，中华书局，2015 年。

5.〔清〕张廷玉等：《明史》，中华书局，1974 年。

6.〔晋〕陈寿：《三国志》，上海古籍出版社，2002 年。

奇巧天成墨客惊：大慈岩

从新安江畔的建德一路向南，来到建德、兰溪、龙游三地交界处的大慈岩镇，一个佛教文化和秀山丽水完美结合的山脉巍然矗立于这里。据《建德县志》记载，元大德年间（1297—1307），临安人莫子渊循梦意弃家来此，琢石为佛，号曰大慈。山以佛名，名曰大慈岩。不同于新安江富春山的秀美，这里的山峰更多了几分雄奇，又因为从开凿时就与地藏菩萨有着千丝万缕的联系，因此又素有"浙西小九华"之誉。

一

大慈岩被世人称为"山是一尊佛，佛是一座山"。从侧面看去，整个大慈岩主峰就是一尊地藏菩萨的立像。它身高 147 米，其中头部高 41.3 米，宽 60 米，由奇石、怪洞、草木和谐地组合成大佛的五官，惟妙惟肖，形象十分逼真。每年农历七月三十，地藏王菩萨涅槃之日，这里都会举行纪念地藏菩萨的庙会。

地藏菩萨，被尊为汉传佛教四大菩萨之一，与观音、文殊、普贤一起深受世人敬仰。其因"安忍不动如大地，静虑深密如秘藏"而得名。据说，地藏菩萨原可以成佛，但见地狱里有无量受苦的众生，不忍离去，便留在地狱，同时立下重誓："我不入地狱，谁入地狱？地狱不空，誓不成佛！"所以在民间，常把地藏菩萨看成地府的主宰，或称为"幽冥教主"。

传说，地藏菩萨十分钟情大慈岩这里的秀美山川，最终能在此地安生还是和观世音菩萨"争"来的。

原本守护大慈岩这方宝地的是一位土地神，坐拥灵山秀水，昼夜翻山越岭转悠岩壑之间，嬉游福地洞天之中，攀爬危崖闲壁之上。优哉游哉的惬意日子让他经常忘记去山脚小庙享受农樵孝敬的贡品。土地神很有自知之明，觉得没有多大能耐管理好这人间仙境，为了不让这颗明珠遗埋世间角落，最好请一位法力通天的圣者前来。于是，他把想法告知寿昌县邑城隍，请他上奏天庭。

玉皇大帝得知人间有这方宝地，思忖还真应该由关心人间疾苦的菩萨去掌管，福佑一方。玉帝轻启玉口："如来，依你之见，何方菩萨领受为好？"

如来道："纵观上界诸仙，虽人才济济，但掌管这方宝地都不十分妥切，大千世界里依我看来只有观世音菩萨和地藏菩萨二位堪任，请玉帝定夺。"

话音刚落，这边玉帝尚在斟酌之中，那边两位菩萨都已经表示愿往大慈岩。玉帝一时难以取舍，只好含糊其词说："既如此，不妨二位都去看看，一切随缘吧！"

于是，观世音驾起莲花祥云，地藏菩萨遁土均往大慈岩而来。观世音驾驭莲台，仙风徐徐，长袖飞舞，不一时来到了大慈岩山顶，正想收住祥云，按下莲座，只见这四方山景，八方林翳，七彩霞光，十方普照，心想这方圣地比之普陀山还要胜过几分。边看边想，在空中多待了一会，等他降下祥云，正想举足前往，高崖洞口早已布满氤氲瑞气，原来地藏菩萨已在石龛当中。观世音菩萨毕竟是世外高人，不可能似常人般争强好胜，道一声阿弥陀佛，径往普陀山而去了。从此，大慈岩就成了地藏菩萨的道场。

传说地藏菩萨在大慈岩做了不少善事，至今多处仍留有遗迹。

大慈岩一带的玉华山下有座玉泉寺，寺庙前有条小溪，溪水湍急，山涧又深，行人来往很不方便，地藏菩萨看在眼里，记在心上。一天，地藏菩萨忙里偷闲，在大慈岩上将一块方、一块圆的两块大石头用两根稻草绳捆好挑下山来。路上看见的人问他挑到哪里，他一个劲地说："前面，前面。"就这样一直挑到玉泉寺旁的小溪边，在那个小山谷口歇下石担，将那块长方形的石块搁在小溪的两头作为石桥，因为是佛家造的桥，所以人

大慈岩

们就叫"释桥"。当地一代又一代的白下里叶村的人每天从桥上来往，就是说不出石桥是什么时候有的，不过石桥中间那道稻草绳捆过的痕迹至今仍然十分清晰显眼。

地藏菩萨见搭好了桥，十分高兴，乐呵呵地回大殿去了，却把另一块石头给忘了。那块石头见一起来的同伴派上了用场，师父又没有交代过，只好默默在小山谷口等。这一等就是几百年，地藏菩萨似乎早就忘了此事。由于此石头极像古代的量器——斛，人们就叫它"释斛"，小山谷口也从此有了名字，叫释斛口。

大慈岩对面的乌石山，山石多是乌黑的。据说当初，地藏菩萨看到进香的人登山祭拜一番后，又再攀高崖到大殿顶礼膜拜，甚是劳累。地藏菩萨心里过意不去，打算在对面的山峰与大殿的悬崖之间造一座天桥，以方便一干香客。地藏菩萨说干就干，直上天庭找女娲娘娘去了。

娘娘得知地藏菩萨的来意，指着庭院外的一堆石子说："这些都是补天时余下的，什么颜色都有，你选用得着的拿去吧！"

地藏菩萨望着石子发愣，这时一块黑不溜秋很不起眼的石头一闪一闪的，似乎在向他打招呼。地藏菩萨说："可惜太圆了点。"黑石马上变成了长方形。地藏菩萨马上明白这是随势而变的如意石，遂手揞黑石告别女娲娘娘，驾起祥云回大慈岩而来。

将近寺前，见到不少人攀山越岭去大慈岩进香，地藏菩萨大为感动，情不自禁双手合十，道一声阿弥陀佛。由于心在芸芸众生，全然忘了手中握着的石头，合十时手掌一伸，仙石直落云头掉在了乌石庙前的池塘里。他脱下袈裟一拂想将石头捞回来，哪知仙石一触水土就生根，袈裟刮起的清风没有捞起仙石，倒把仙石拂开一半，一石两开，中间显出了乌石仙子。仙子露了仙容，石头也就失去了仙气，不能再随山势变化造天桥了。

地藏菩萨叹了口气："既然把你带到了这里，你就安心在这方土地享受香火造福一方吧！"随手将乌石合上，只是中间的那道缝永远合不拢了，看上去就好像可以开启的果盒一般。

这便是乌石山石头乌黑的由来。至今，乌石山下的乌石庙前还有一池水塘，塘里那块很像"果盒"的大石头，传说就是地藏菩萨留下的。

二

地藏菩萨在大慈岩修炼的地方，就是如今站在山下，抬头便可看见的蜿蜒于山体之外的"悬空寺"。中国有七座悬空寺，分别是山西恒山悬空寺、河北苍岩山悬空寺、陕西榆林悬空寺、云南西山悬空寺、河南淇县朝阳悬空寺、浙江建德大慈岩悬空寺、青海西宁悬空寺。浙江仅有的一座，便在大慈岩，因此又被称为"江南悬空寺"。远望"江南悬空寺"，像一座玲珑剔透的浮雕，镶嵌在万仞峭壁间，近看，又大有凌空欲飞之势。

"悬空寺"处于深山峡谷的一个小盆地内，全身悬挂于石崖中间，石崖顶峰突出部分好像一把伞，使古寺免受雨水冲刷。山下的洪水泛滥时，也免于被淹。四周的大山也减少了阳光的照射时间。优越的地理位置是它能完好保存的重要原因之一。

"悬空寺"的主体建筑是地藏王大殿，殿宇为歇山重檐结构，寺宇半藏岩窟，檐甍飞出洞外，足下是万丈深渊，前廊悬于云中，颇为奇险壮观，从远处看起来似乎是由十几根碗口粗的木柱支撑，其实有的木柱根本不受力，从而使其外貌惊险、奇特、壮观。"江南悬空寺"的垂直高度高出山西的悬空寺60余米，走在寺庙的栈道上，凭栏俯视，有"足底悬崖恐欲崩"之感。

长谷溪流是大慈岩的又一特色。大慈岩山高坡陡，山顶谷中有玉华湖，水从谷口中流出，或奔腾直泻成瀑布，或因大石挡道成溪流，或渗于乱石丛中成泉水，或隐或显，或大或小，或急或缓，曲曲折折直至山脚，形成一条800多米长的山水相映的秀丽景观。

大慈岩一带山岳峥嵘，危崖陡峭耸立，更为神奇的是各山色彩迥异：青灰色的大慈岩，晶莹洁白如玉的玉华山，赤红色的赤姑山。因为山像褶裙，传说是赤姑仙子晒在这里的红裙子，所以赤姑山也叫红裙岩。这色彩斑斓的名崖胜景，让人不由得赞叹大自然的鬼斧神工。

三

从大慈岩半山腰的渡仙桥往北，有一个叫作梦樵亭的小亭子。它西依岩壁，三面凌空。岩壁上有一幅线刻：一个樵夫模样的人，头枕柴担，正躺着睡觉；一个银须飘拂到胸前的老者站在他面前，嘴里说着什么。

传说很久以前，山下住着一位善良孝顺的后生。他家贫如洗，靠砍柴度日，并供养年迈的老母亲。一天，天气闷热，他感到十分疲倦，便在此石下休息，不知不觉睡着了。睡梦中，有一白发老翁告诉他："五里坞有块平地，平地下有只箱子，内藏有金银财宝，开箱锁在你家板壁上，取之开箱可得。"

大慈岩风光

后生醒来后，十分恍惚。回家后，他将梦中情况告诉了老母亲。老母亲听后，从板壁后取出一把开山锄，告诉儿子："老人指点，就是要勤劳地锄地耕种，以求致富。五里坞内那块平地，正适宜耕作播种呢。"孝子按老母亲吩咐，第二天便背着开山锄去开垦种地了。

第一年种瓜得瓜，温饱问题解决了；第二年种豆得豆，家道开始殷实起来；第三年春天，他又去开荒地时，翻起一块石头，下面果真放着整整齐齐、金光闪闪的十八只金元宝。他回家后，把金元宝送给母亲，由老母亲安排。

老母亲便叫他将六只金元宝交地方修桥铺路，这座渡仙桥和这个亭子就是他出资修建的；又叫他将六只金元宝送给孤寡老人，让他们安度晚年，还有六只金元宝留家供修房娶老婆添置家产所用。后人为了纪念这位后生和他的母亲，就把亭子取名为"梦樵亭"，并刻石留念。

大慈岩景区中心的香亭山，因为山巅建有石香亭而得名。在山顶只有 20 多平方米的空间里，这座亭子便占去了三分之二。相传八洞神仙有一年云游到了大慈岩，见这凡间仙境，赞叹不已，游玩多时，看看时辰不早，众仙计议，当夜在香亭山建座石亭留念。"丁丁当当"的凿石声传入与香亭山遥遥相对的地藏王大殿，惊醒了寺内高僧。

当得知八仙在造石亭时，高僧十分感动，连忙派了个小沙弥，挑了两坛"大慈醇"给八仙送去。"大慈醇"采用山溪边的蓼草做引药，用当地产糯米、高山泉水酿制而成，醇厚芳香，余味悠长，酒量再大的人也喝不下三碗，醉倒过无数慕名而来的文人骚客、豪杰壮士。

八仙不知底细，加上自恃酒量无比，你一碗我一碗开怀畅饮。一坛尚未见底，就个个酩酊大醉，如吃了蒙汗药一般，瘫了下来。待到破晓时，一个个才醒过来。因为必须在天亮之前赶回天庭，来不及把亭上最后一块石板搭好，就匆匆地离去了。直到如今，那块石板仍旧斜置着，别具特色。

大慈岩的故事与传说，似乎总与"逢山开路，遇水搭桥"有所联系。这让我们不禁想到，即使是在拥有先进机械设备和技术手段的今天，要在这样坚硬的岩石上修建栈道、寺庙也非易事，更不要说大慈岩初建自元代，已历经七百年风雨沧桑。我们的先人是如何在这样崎岖、陡峭的山路上运送材料，又是如何开山凿壁建寺，还建起了这些亭台楼阁、渡桥栈道……看到这些奇景，我们不由得对先人的智慧由衷赞叹，对中华民族愚公移山、百折不挠的精神由衷钦佩。这也激励着我们，不畏艰难险阻，奋力前行。

参考文献

1.大慈岩风景管理处、新安江民间文艺协会编:《大慈岩传说故事》,1989年。

2.林语涵编著:《汉传佛教基本信仰与常识》,陕西师范大学出版社,2012年。